Caderno pedagógico para o

Ensino Religioso

Cultura religiosa no Ensino Médio

Dados Internacionais de Catalogação na Publicação (CIP)
(Câmara Brasileira do Livro, SP, Brasil)

Caderno pedagógico para o Ensino Religioso : a cultura religiosa no Ensino Médio / organização de Sérgio Rogério Azevedo Junqueira, Marilac Loraine Oleniki, Francine Porfirio Ortiz. – Petrópolis, RJ : Vozes, 2024.
(Coleção Cadernos Pedagógicos para o Ensino Religioso)

Vários autores.
Bibliografia.
ISBN 978-85-326-6775-5

1. Catequese – Igreja Católica – Ensino bíblico 2. Ensino Religioso (Ensino Médio) 3. Pedagogia I. Junqueira, Sérgio Rogério Azevedo. II. Oleniki, Marilac Loraine. III. Ortiz, Francine Porfirio. IV. Série.

24-190398 CDD-372.84

Índices para catálogo sistemático:
1. Ensino Religioso : Ensino Médio 372.84

Aline Graziele Benitez – Bibliotecária – CRB-1/3129

Sérgio Rogério Azevedo Junqueira
Marilac Loraine Oleniki
Francine Porfirio Ortiz
(Organizadores)

Caderno pedagógico para o Ensino Religioso

Cultura religiosa no Ensino Médio

Com roteiros de atividades
para o Ensino Médio

EDITORA VOZES
Petrópolis

Rua Frei Luís, 100
25689-900 Petrópolis, RJ
www.vozes.com.br
Brasil

Editoração: Jhary Artiolli
Diagramação: Ana Maria Oleniki
Revisão gráfica: Anna Carolina Guimarães
Capa: Editora Vozes

ISBN 978-85-326-67755

Este livro foi composto e impresso pela Editora Vozes Ltda.

SUMÁRIO

Apresentação, 7

Prefácio, 13
Gilberto Gonçalves Garcia

Parte I – Estudos e reflexões

1 Base Nacional Comum Curricular (BNCC): uma proposta de educação para o Ensino Médio, 21
Maria Leoneide Rodrigues de Almeida

2 Metodologia do Ensino Religioso para o Ensino Médio, 43
Sonia de Itoz
Sérgio Rogério Azevedo Junqueira

3 Conhecimento religioso e o mundo do trabalho, 67
Jonathan Félix de Souza
Peterson José Cruz Fernandes

4 Um olhar sobre o sagrado, 80
Edile Fracaro Rodrigues

Parte II – Roteiro de atividades

1ª Série – Memória e símbolos, 99
Welder Lancieri Marchini

1ª Série – As máscaras e as manifestações culturais e religiosas, 111
Valeska Freman Bezerra de Freitas Silveira

1ª Série – Vida e morte, 129
Rodrigo Oliveira dos Santos

1ª Série – Sepulturas e relação dos seres humanos com a morte ao longo da história, 143
Valeska Freman Bezerra de Freitas Silveira

2ª Série – Espaços sagrados, 157

Valeska Freman Bezerra de Freitas Silveira

2ª Série – Comunidades indígenas e manifestações religiosas, 172

Valeska Freman Bezerra de Freitas Silveira

2ª Série – Religião e vida pública: martírio ou sacrifício, 179

Valeska Freman Bezerra de Freitas Silveira

2ª Série – Místicas e espiritualidades, 190

Valeska Freman Bezerra de Freitas Silveira

3ª Série – Orientação dos textos sagrados para as práticas religiosas, 199

Gisele Canário

3ª Série – Tradições religiosas, mídias e tecnologia, 206

Gisele Canário

3ª Série – Projeto de vida, 214

Gisele Canário

APRESENTAÇÃO

O Ensino Religioso é um componente do currículo brasileiro, introduzido, oficialmente, em 1827 com a denominação de Doutrina da Religião Catholica[1], sendo que a denominação que utilizamos atualmente foi registrada, a princípio, em 1879, no Projeto de Reforma da Instrução Pública de Leôncio de Carvalho[2]. No período Republicano, localizamos a presença do Ensino Religioso na legislação brasileira desde 1931 para as escolas públicas; entretanto, nas escolas denominadas confessionais, a presença deste componente sempre foi uma constante forma de divulgar, entre os estudantes, a concepção religiosa que as identifica como pertencentes a uma determinada tradição.

Somente em 2017, dois fatos significativos definiram a história deste componente curricular. O primeiro refere-se à confirmação e ao reconhecimento, pelo Supremo Tribunal Federal (STF), de dois modelos específicos para o Ensino Religioso: o não confessional e o confessional[3]. O segundo foi a homologação da Base Nacional Comum Curricular (BNCC)[4] em 2017, documento normativo que define o conjunto progressivo de aprendizagens essenciais a serem desenvolvidas ao

---

1 "Art. 6º – Os professores ensinarão a ler, escrever, as quatro operações de arithmetica, pratica de quebrados, decimaes, proporções, as noções, mais geraes de geometria pratica, a grammatica da lingua nacional, e os princípios de mo+ral christã e da doutrina da religião catholica e apostolica romana, proporcionados a compreensão dos meninos; preferindo para as leituras a Constituição do Império e a historia do Brasil [...]" (IMPÉRIO DO BRASIL. Documentos complementares do Império do Brasil (15 de outubro de 1827). *In*: BONAVIDES, P.; AMARAL, R. *Textos políticos da história do Brasil*. v. 1. Brasília: Senado Federal, 1996, p. 142).

2 "Art. 4º: O ensino religioso nas escolas primarias de 1º grau do município da Corte constará das seguintes disciplinas: instrução moral, instrução religiosa, leitura, escrita [...]" (BARBOSA, R. Reforma do ensino secundário e superior. O Projeto de Reforma da Instrução Pública de Leôncio de Carvalho n. 7.247, de 19 de abril de 1879. *In*: OBRAS COMPLETAS de Rui Barbosa. v. IX, 1882, tomo I. Rio de Janeiro: Ministério da Educação e Saúde, 1942).

3 STF – SUPREMO TRIBUNAL FEDERAL. *STF conclui julgamento sobre ensino religioso nas escolas públicas*. 27 set. 2017. Disponível em: https://portal.stf.jus.br/noticias/verNoticiaDetalhe.asp?idConteudo=357099&ori=1. Acesso em: 25 jan. 2024.

4 BRASIL. Resolução CNE/CP n. 02, 22 de dezembro de 2017. Institui e orienta a implantação da Base Nacional Comum Curricular, a ser respeitada obrigatoriamente ao longo das etapas e respectivas modalidades no âmbito da Educação Básica. *Diário Oficial da União*, Brasília, 22 dez. 2017, Seção 1, p. 41-44. Disponível em: https://normativasconselhos.mec.gov.br/normativa/view/CNE_RES_CNECPN22017.pdf?query=curriculo. Acesso em: 25 jan. 2024.

longo da Educação Básica. Esse documento foi publicado em sua versão final em 2018, apresentando como a progressão das aprendizagens está estruturada em cada componente a partir de um conjunto de habilidades relacionadas a diferentes objetos de conhecimento, que são organizados em unidades temáticas. O Ensino Religioso, portanto, também se sistematiza em uma estrutura composta por unidades temáticas, objetos de conhecimento, competências e habilidades. Assim, pode-se afirmar que, pela primeira vez, o Ensino Religioso foi estruturado de modo a se vislumbrar *o que ensinar* e *como ensinar*. Nesse processo, um marco expressivo foi a definição de quem é o professor de Ensino Religioso – licenciado em Ciências da Religião[5].

Visando à sistematização e ao aprofundamento sobre esse componente curricular no cenário brasileiro, foi realizada uma série de publicações. Inicialmente, com a perspectiva de identificar o processo da formação do componente, citamos a obra *O processo de escolarização do Ensino Religioso no Brasil* (Vozes, 2002). Para a compreensão da história e da legislação, dos fundamentos do processo de ensino-aprendizagem, dos referenciais para a formação e a atuação na pesquisa e nos diferentes espaços escolares, o *Compêndio do Ensino Religioso* (coedição entre as editoras Sinodal e Vozes, 2017) destacou-se como uma síntese importante. Citamos, ainda, a obra *O Ensino Religioso na BNCC: teoria e prática para o Ensino Fundamental* (Vozes, 2020), que favoreceu o aprofundamento sobre a relação entre esse componente e a BNCC.

Nesse contexto de organização dos estudos e de aprofundamentos necessários para a prática pedagógica, apresentamos a coleção de **Cadernos Pedagógicos para o Ensino Religioso** como uma ferramenta para contribuir e explicitar a aplicação metodológica desse componente. Esta coleção propõe relações teórico-práticas para que as habilidades

---

5 BRASIL. Resolução CNE/CP n. 5, de 28 de dezembro de 2018. Institui as Diretrizes Curriculares Nacionais para o curso de licenciatura em Ciências da Religião e dá outras providências. *Diário Oficial da União*, Brasília, 31 dez. 2018, Seção 1, p. 64-65. Disponível em: http://portal.mec.gov.br/docman/janeiro-2019-pdf/105531-rcp005-18/file. Acesso em: 25 jan. 2024.

propostas na BNCC possam ser desenvolvidas ao longo da escolarização em Ensino Religioso nas instituições brasileiras.

O **Caderno Pedagógico para o Ensino Religioso: cultura religiosa – volume 5** propõe sugestões de estudo e orientação sobre esse componente para o Ensino Médio. Embora essa seja uma etapa da Educação Básica de direito público subjetivo de cada cidadão brasileiro, a realidade educacional do país apresenta dificuldades diversas em garanti-la a todos. Entre os fatores que explicam esse cenário, destacam-se o desempenho insuficiente dos estudantes nos anos finais do Ensino Fundamental e a organização curricular do Ensino Médio vigente, com uma abordagem pedagógica distante das culturas juvenis e do mundo do trabalho. Nesse sentido, cabe às instituições que ofertam o Ensino Médio contribuir para a formação de indivíduos críticos e autônomos, ampliando sua compreensão informada dos fenômenos naturais e culturais, bem como a autonomia no processo de tomada de decisões responsáveis. Para acolher as juventudes, é necessária uma prática pedagógica que favoreça as aprendizagens necessárias e promova situações nas quais o respeito à pessoa humana e aos seus direitos sejam permanentes.

Para cumprir as finalidades do Ensino Médio, o compromisso das instituições de ensino deve envolver a oferta de condições para o prosseguimento dos estudos àqueles que assim o desejarem, promovendo a educação integral dos estudantes no que concerne aos aspectos físicos, cognitivos e socioemocionais.[6]

Para isso, a proposta desse segmento está organizada a partir de áreas como a de Ciências Humanas e Sociais Aplicadas, que compõem um campo cognitivo dedicado aos estudos da existência humana e das intervenções sobre a vida, problematizando as relações sociais e de

6 BRASIL. Lei n. 9.394, de 20 de dezembro de 1996. Estabelece as diretrizes e bases da educação nacional. Art. 35-A, § 7º. *Diário Oficial da União*, Poder Legislativo, Brasília, 23 dez. 1996. Disponível em: https:// www.planalto.gov.br/ccivil_03/leis/l9394.htm. Acesso em: 27 fev. 2024.

poder, os conhecimentos produzidos, as culturas e suas normas, as políticas e leis, as sociedades nos movimentos de seus diversos grupos, os tempos históricos, os espaços e as relações com a natureza. Nessa área é que se propõe, também, o estudo das questões vinculadas ao fenômeno religioso que impactam o cotidiano de nossas sociedades.

Nesse contexto, o Ensino Religioso ofertado pelas escolas possibilita aos estudantes o aprofundamento de seus conhecimentos. Trata-se da parte flexível do currículo que pode preparar os estudantes tanto para darem sequência aos estudos no Ensino Superior quanto lhes oportunizar aprender e mobilizar competências e habilidades cujo objetivo é aprofundar sua qualificação para o mundo do trabalho.

No Ensino Médio, a formação integral dos estudantes também é voltada ao desenvolvimento da autonomia necessária para que realizem o seu projeto de vida, promovendo a incorporação de valores universais, como ética, liberdade, democracia, justiça social, pluralidade, solidariedade e sustentabilidade. Da mesma forma, objetiva-se, nessa etapa da Educação Básica, desenvolver as habilidades que permitam aos estudantes ter uma visão de mundo ampla e heterogênea, favorecendo sua capacidade de tomar decisões e agir nas mais diferentes situações, seja na escola, seja no trabalho, seja na vida.

Dessa forma, ao estudante do Ensino Médio, o conhecimento religioso favorece o conhecimento sobre a vida, as dimensões pessoais, sociais, culturais, ecológicas e sobrenaturais, uma vez que aborda questões, desafios e problemas que inquietam a inteligência humana, construindo reflexões que direcionam para a compreensão de verdades e de sentidos dos seres humanos, ampliando sua percepção da humanidade e de sua ação no mundo, bem como aprendendo sobre o sentido da vida, da morte e do pós-morte.

O Ensino Religioso, por fim, expõe a dinâmica social da religião por meio do estudo das manifestações religiosas presentes na história da humanidade. A escola, nesse sentido, deve acolher as diversidades e reconhecer seus estudantes, os jovens, como interlocutores legítimos do processo de ensino e de aprendizagem.

Com a intenção de ampliar essa reflexão, propomos alguns estudos sobre o Ensino Médio, a partir da Base Nacional Comum Curricular; sobre o sujeito desse segmento, entre 15 e 17 anos; sobre a metodologia para o Ensino Religioso; sobre o conhecimento religioso e o mundo do trabalho; e, por fim, sobre o sagrado na compreensão desses estudantes. Encerramos o material com propostas de roteiros para operacionalizar o componente curricular Ensino Religioso com essa faixa etária, descrevendo, com criatividade e inovação, formas de estabelecer a interatividade com os estudantes de modo dialógico e participativo.

Aos educadores e pesquisadores que participaram desta edição, o nosso cordial agradecimento pela sua participação.

Os organizadores

PREFÁCIO

Gilberto Gonçalves Garcia[7]

Este volume da coleção **Cadernos Pedagógicos para o Ensino Religioso:** cultura religiosa no Ensino Médio dá prosseguimento ao propósito da Editora Vozes de lançamento de um conjunto de ferramentas para auxiliar na aplicação metodológica do componente curricular Ensino Religioso na última etapa da Educação Básica. O presente material considera o que propõe a Lei de Diretrizes e Bases da Educação, em seu artigo 35, para o desenvolvimento do Ensino Médio: com duração mínima de três anos, deve orientar-se para as finalidades[8] de consolidar e aprofundar os conhecimentos adquiridos no Ensino Fundamental para garantir aos estudantes a preparação básica ao trabalho e à cidadania, em âmbitos de aprimoramento como pessoa, garantindo a formação ética, a autonomia intelectual e o pensamento crítico. A partir desta proposta compreende-se que a leitura da cultura religiosa deva ocorrer a partir da área de Ciências Humanas e Sociais Aplicadas. Com igualdade, o componente Ensino Religioso, no Ensino Médio, pode se ordenar a partir de diferentes campos de experiências e não em disciplinas específicas ao modo de um componente curricular.

O presente caderno oferece ao leitor os parâmetros pedagógicos para que o trabalho com adolescentes e jovens do Ensino Médio possa revisitar os conhecimentos propostos ao longo do Ensino Fundamental e ampliar o conhecimento no campo religioso, para que com essas informações e novos saberes cada estudante, ao deixar a Educação Básica, tenha condições

---

7 Doutor em Filosofia pela Universidade Federal do Rio de Janeiro (UFRJ), reitor da Universidade São Francisco (USF), presidente do Conselho Editorial da Editora Vozes, membro do Conselho Editorial da *Revista de Filosofia Scintilla* do Instituto de Filosofia São Boaventura, da FAE – Centro Universitário e professor adjunto doutor da Universidade São Francisco. Participa de conselhos e comissões de Educação Superior em Associações Brasileiras de Educação.

8 JUSBRASIL. Artigo 35 da Lei n. 9.394 de 20 de dezembro de 1996. Disponível em: https://www.jusbrasil.com.br/topicos/11690799/artigo-35-da-lei-n-9394-de-20-de-dezembro-de-1996. Acesso em: 23 abr. 2024.

de enfrentar os estudos posteriores e o mundo do trabalho em que estará inserido em uma sociedade plural. Com esse desígnio, o caderno traz, em seu conteúdo, textos e roteiros de atividades que apresentam conhecimentos, expressões e manifestações da cultura religiosa presentes na dinâmica sociocultural a ser explorada no decorrer das três séries desse segmento de ensino. Estruturado em duas partes, o caderno reúne, na primeira delas, um conjunto de estudos e reflexões que abordam temas para a formação docente, explorando os aspectos essenciais acerca do Ensino Religioso no Ensino Médio.

Nesta primeira parte, portanto, há capítulos que discorrem sobre os fundamentos do Ensino Médio indicados na Base Nacional Comum Curricular – BNCC; a Metodologia do Ensino Religioso e o perfil do estudante neste segmento; o conhecimento religioso e o mundo do trabalho visando promover a leitura do religioso na sociedade a partir da observação do espaço urbano e rural de nossas comunidades. A segunda parte deste caderno expõe um conjunto de roteiros de atividades baseados nos objetivos de aprendizagem relacionados à área das Ciências Humanas e Sociais Aplicadas, com vistas a explorar a cultura religiosa no Ensino Médio.

Para atender à meta proposta, no primeiro capítulo – Base Nacional Comum Curricular (BNCC): uma proposta de educação para o Ensino Médio –, Maria Leoneide Rodrigues de Almeida discorre sobre as legislações que determinaram as mudanças do Ensino Médio nos últimos tempos e os princípios que orientaram o trabalho pedagógico junto aos estudantes do Ensino Médio até a nova perspectiva curricular, consolidada pela Lei n. 13.415/2017 e pela Base Nacional Comum Curricular – BNCC, do Ensino Médio.

Em sua exposição, a autora oferece ao leitor dados acerca da concepção do conhecimento curricular que impactam o desenvolvimento de habilidades, valores e atitudes, cuja estrutura está ancorada nos princípios pedagógicos da identidade, da diversidade e autonomia, da interdisciplinaridade e da contextualização. Ela destaca que o Ensino Médio proposto pela BNCC visa também atender às necessidades e aos interesses dos estudantes, fortalecendo o seu protagonismo ao prepará-los para enfrentar os desafios da contemporaneidade com decisões pautadas em princípios éticos e valores humanos e sociais. Neste capítulo, o professor de Ensino religioso poderá identificar os elementos que configuram a dinâmica das aprendizagens alicerçadas em uma prática pedagógica voltada para a formação humana.

O segundo capítulo – Metodologia do Ensino Religioso para o Ensino Médio –, elaborado por Sonia de Itoz e Sérgio Rogério Azevedo Junqueira, contextualiza o Ensino Religioso no Ensino Médio tendo por referência os pressupostos da Lei de Diretrizes e Bases da Educação Nacional e da Base Nacional Comum Curricular. Os autores exploram os elementos que fundamentam o perfil pedagógico deste componente curricular em vista da importância do conhecimento religioso na dinâmica da formação integral dos estudantes, para que se possa reconhecer a função social das manifestações religiosas na economia, política e cultura, bem como a influência da dimensão religiosa no comportamento individual e coletivo.

No mote das reflexões traçadas pelos autores encontra-se o anseio de que os estudantes possam reconhecer que a construção religiosa configura uma cultura. Nela é possível se encontrar o resultado das aprendizagens de regras morais, dos valores, dos costumes, dos padrões de linguagem, dentre outras que revelam como o conhecimento religioso está no substrato cultural. Nesta perspectiva, os autores retratam como o Ensino Religioso contribui para o entendimento da presença da expressão religiosa, de modo próprio e diverso, na vida coletiva. Para assegurar ao professor o melhor entendimento acerca da questão religiosa na vida do estudante do Ensino Médio, os autores discorrem sobre o processo de desenvolvimento da vivência religiosa na fase da adolescência, trazendo informações sobre a experiência religiosa e o papel do Ensino Religioso e sua colaboração no desenvolvimento integral dos estudantes ao fornecer instrumentos para o desenvolvimento da leitura da realidade, diálogo com a diversidade e formas para desenvolver uma boa convivência na coletividade.

Visando ampliar a reflexão sobre o interesse do Ensino Religioso no Ensino Médio, o capítulo de Jonathan Félix de Souza e Peterson José Cruz Fernandes – Conhecimento religioso e o mundo do trabalho – explora a importância da compreensão de que, para pensar um projeto educacional escolar, faz-se necessário manter continuamente um olhar aprofundado sobre o contexto contemporâneo, de maneira que seja possível elucidar e entender as relações que se estabelecem entre os elementos forjados no interior da escola com aqueles externos a ela.

Nessa proposta, o discurso destaca que a separação teórica entre mundo interior à escola e mundo externo a ela é meramente didático, pois a escola está inserida numa realidade concreta de mundo, de maneira que suas relações, e as do próprio mundo, formam um emaranhado único. Em vista disso, a abordagem dos autores retrata o fato de que os diversos contextos sociais condicionam a escola, que, por sua vez, condiciona retroativamente os vários contextos sociais. A proposta da Educação Básica, portanto, visa subsidiar o estudante a saber lidar com o mundo a partir da escola, seja nos seus estudos posteriores ou nos espaços da vida profissional. Nesse processo, o conhecimento religioso é inferido como algo importante aos adolescentes, pois lhes possibilita a compreensão da maneira de ser, agir, pensar e se organizar socialmente pautada em valores elaborados pelas tradições religiosas. Essa compreensão, segundo os autores, favorece aos estudantes o desenvolvimento de competências para sua atuação profissional. O capítulo oferece elementos teóricos que ajudam o professor reunir argumentos que validam o Ensino Religioso no contexto escolar e sua relevância junto aos demais saberes que aportam o desenvolvimento de sujeitos aptos à vida social e ao mundo do trabalho.

Ao encerrar esta primeira parte de estudos e reflexões, Edile Fracaro Rodrigues retrata em seu capítulo – Um olhar sobre o sagrado – um projeto que mobiliza os estudantes a compreenderem a presença do religioso na sociedade, tal como a aprenderem a ler o religioso nos diferentes espaços arquitetônicos, gráficos e em outras formas de expressão presentes em nosso cotidiano. As abordagens da autora percorrem o espaço da cultura visual, a historicidade das práticas religiosas e as linguagens que viabilizam o contado com a memória de diversos contextos. Seu texto afirma que é possível realizar a leitura do religioso tanto por meio do conjunto de valores e acontecimentos quanto pelo patrimônio material de uma comunidade que a caracteriza como única e particular, evidenciando uma cultura inserida em um contexto e sociedade com identidade própria. Nesse sentido, a reflexão dialoga com o respeito à diversidade religiosa como elemento essencial para compreender a sociedade. Nesse processo, o Ensino religioso cumpre o papel de explorar no fazer pedagógico o diálogo e a humanização das relações em prol do respeito às diferenças.

Este volume da coleção **Cadernos Pedagógicos para o Ensino Religioso** se complementa, como se referiu anteriormente, com a apresentação de roteiros de atividades baseados nas competências e habilidades da área de Ciências Humanas e Sociais Aplicadas. Os roteiros de atividades são desenvolvidos associando elementos da cultura religiosa aos objetos que foram introduzidos no Ensino Fundamental e no Ensino Médio, ampliados e aprofundados. Neles, as propostas descritas possibilitam estabelecer a interatividade com os estudantes de modo dialógico e participativo. A organização dos roteiros consta das seguintes seções: observação, identificação e análise, apropriação e ressignificação, avaliação. Cada uma delas está conectada a outra garantindo um processo de ensino-aprendizagem orgânico e sistemático que conduz à progressividade e gradualidade na construção do conhecimento.

Ao propor esta coleção de Ensino Religioso, a Editora Vozes espera contribuir para a discussão continuada entre professores e entidades ligadas ao Ensino Religioso sobre a importância desse componente curricular na Educação Básica; sobre a necessidade da formação profissional para sua docência; sobre o valor do uso de ferramentas pedagógicas criativas na aplicação metodológica do componente curricular Ensino Religioso; e sobre a demanda do aprimoramento teórico constante de sua fundamentação na Base Nacional Comum Curricular.

Aos professores e pesquisadores que participaram desta edição, o nosso cordial agradecimento.

Parte I

Estudos e reflexões

1

BASE NACIONAL COMUM CURRICULAR (BNCC): UMA PROPOSTA DE EDUCAÇÃO PARA O ENSINO MÉDIO

Maria Leoneide Rodrigues de Almeida[9]

As diversas políticas públicas instituídas para minimizar as fragilidades da Educação Básica, principalmente as da etapa do Ensino Médio, ao longo desses últimos vinte anos, convergiram para o que propõe a Base Nacional Comum Curricular (BNCC) e o Novo Ensino Médio: assegurar a efetiva aprendizagem dos estudantes e sua formação integral.

Antes, como se sabe, foi necessário garantir a todos os adolescentes e jovens brasileiros o direito público subjetivo e o direito social - e constitucional - à universalização do atendimento e à permanência na escola desses sujeitos e cidadãos.

E, apesar dos inúmeros desafios que o país ainda deve superar para alcançar e consolidar as metas legais, compreende-se a necessidade de seguir com muito empenho para atender esses adolescentes e jovens em suas expectativas e demandas – presentes e futuras –, e em suas aspirações, que são, cada vez mais, próprias das juventudes contemporâneas.

9 Mestra em Educação (Universidade Católica de Brasília), especialista em Língua Portuguesa e Psicanálise e Educação (Centro de Orientação e Organização Psicanalítico), licenciada em Letras (Universidade Estadual do Ceará). Professora há 39 anos, com experiência em docência e em coordenação pedagógica na Educação Básica e Superior. Autora de módulos de estudo para graduação e pós-graduação. Na Gestão da Educação, na Secretaria de Estado de Educação do Distrito Federal, foi diretora da Educação de Jovens e Adultos e coordenadora pedagógica da Comissão do Programa Novo Ensino Médio em Tempo Integral. Exerce a função de assessora pedagógica da Rede Salesiana Brasil de Escolas.

Nesse contexto, para melhor fundamentar esta reflexão inicial, optou-se por registrar os pontos essenciais das principais legislações que determinaram as mudanças do Ensino Médio nos últimos tempos até esta nova perspectiva curricular, consolidada pela Lei n. 13.415/2017 e pela BNCC do Ensino Médio, homologada em 14 de dezembro de 2018, um ano depois da BNCC da Educação Infantil e do Ensino Fundamental. E para iniciar o que se propõe apresentar como linha do tempo da legislação que fundamenta a proposta de educação para esse Novo Ensino Médio, registra-se a Carta Magna brasileira.

A Constituição Federal de 1988, em seu art. 210, determinou que fossem "fixados conteúdos mínimos para o ensino fundamental, de maneira a assegurar formação básica comum e respeito aos valores culturais e artísticos, nacionais e regionais" (BRASIL, 1988). Entretanto, as antigas Leis de Diretrizes e Bases da Educação Nacional – n. 4.024/1961 e n. 5.692/1971 – já determinavam que Diretrizes Curriculares Nacionais ou Currículos Mínimos fossem elaborados para estabelecer um núcleo comum, obrigatório em âmbito nacional, e uma parte diversificada (BRASIL, 1961; 1971).

Com a consolidação da nova Lei de Diretrizes e Bases da Educação Nacional (LDBEN) – Lei n. 9.394, de 20 de dezembro de 1996 –, três décadas depois, foi alterado o art. 211 da Constituição Federal, que tratava da organização nacional dos sistemas de ensino, e instituído um regime de colaboração entre a União e as Unidades da Federação para elaborar a parte comum do currículo da Educação Básica. Em seu art. 9º, inciso IV, a LDBEN/1996 determina que cabe à União

> estabelecer, em colaboração com os Estados, o Distrito Federal e os Municípios, competências e diretrizes para a educação infantil, o ensino fundamental e o ensino médio, que nortearão os currículos e seus conteúdos mínimos, de modo a assegurar formação básica comum (BRASIL, 1996).

Seguindo a dinâmica das transformações do mundo que adentrava o século XXI, dois anos depois, em 1998, as primeiras Diretrizes Curriculares Nacionais para o Ensino Médio (DCNEM) deram destaque e relevância a essa etapa da Educação Básica como a que define o destino dos estudantes e, de modo geral, também o da sociedade. Essas diretrizes foram fundamentadas pelo Parecer CNE/CEB n. 15/1998 da Resolução CNE/CEB n. 3, de 26 de junho de 1998.

As DCNEM consolidaram as orientações de transição do modelo de educação praticado, com foco em conteúdo, para o de uma educação formal que levasse em consideração as exigências do mundo pós-industrial e tecnológico, requerendo novas habilidades. E reiteraram a necessidade de uma abordagem de educação baseada em competências, retratadas nas reformas educacionais de outros países, bem como do Brasil, que anunciou o marco dessas mudanças na LDBEN n. 9.394/1996.

Cabe ainda registrar que, em caráter de superação do que determinava a Lei n. 5.692/1971, de que a oferta da educação profissional fosse predominante nessa etapa da Educação Básica, a nova LDBEN, em seus arts. 35 e 36, alterados pela Lei n. 13.415 de 2017, definiu, entre as finalidades do Ensino Médio, o papel de avançar com relação às aprendizagens desenvolvidas nas etapas anteriores da escolarização e de ofertar formação integral, bem como instituiu a Base Nacional Comum Curricular (BNCC) e os Itinerários Formativos no currículo desse Novo Ensino Médio.

> Art. 35. O ensino médio, etapa final da educação básica, com duração mínima de três anos [...] terá como finalidades:
>
> I - a consolidação e o aprofundamento dos conhecimentos adquiridos no ensino fundamental, possibilitando o prosseguimento de estudos;
>
> II - a preparação básica para o trabalho e a cidadania do educando, para continuar aprendendo, de modo a ser capaz de se adaptar com flexibilidade a novas condições de ocupação ou aperfeiçoamento posteriores;

III - o aprimoramento do educando como pessoa humana, incluindo a formação ética e o desenvolvimento da autonomia intelectual e do pensamento crítico;

IV - a compreensão dos fundamentos científico-tecnológicos dos processos produtivos, relacionando a teoria com a prática, no ensino de cada disciplina.

[...]

Art. 36. O currículo do ensino médio será composto pela Base Nacional Comum Curricular e por itinerários formativos, que deverão ser organizados por meio da oferta de diferentes arranjos curriculares, conforme a relevância para o contexto local e a possibilidade dos sistemas de ensino, a saber:

I - linguagens e suas tecnologias;

II - matemática e suas tecnologias;

III - ciências da natureza e suas tecnologias;

IV - ciências humanas e sociais aplicadas;

V - formação técnica profissional (BRASIL, 1996).

Percebe-se a clareza de dois conceitos fundantes da BNCC e determinantes para a construção e o desenvolvimento da questão do currículo brasileiro: a relação entre o que é básico-comum e o que é diverso. O documento registra que as competências e as diretrizes são comuns; os currículos é que são diversos. Portanto, quando a LDBEN determina que os conteúdos curriculares estão a serviço do trabalho pedagógico para o desenvolvimento de competências, determina e orienta, também, a definição das aprendizagens essenciais, e não apenas os conteúdos mínimos a serem ensinados (BRASIL, 2018a).

Trata-se de uma orientação que induz à concepção do conhecimento curricular ancorado no contexto da realidade individual, local e social do estudante e da escola. Por essa razão, os conteúdos curriculares, na BNCC, são denominados *objetos de conhecimento*, porque se constituem de *conteúdos, conceitos* e *processos* inseridos nas habilidades essenciais para a Educação Básica.

Sobre a abordagem para o foco nas habilidades, pode-se considerar, com características de vanguarda, os fundamentos que estão presentes neste trecho do Parecer CNE/CEB n. 15 (BRASIL, 1998b, p. 12):

> A facilidade de acessar, selecionar e processar informações está permitindo descobrir novas fronteiras do conhecimento, nas quais este se revela cada vez mais integrado. Integradas são também as competências e habilidades requeridas por uma organização da produção na qual criatividade, autonomia e capacidade de solucionar problemas serão cada vez mais importantes, comparadas à repetição de tarefas rotineiras. [...] destacam-se duas características comuns a todos [as reformas]: progressiva integração curricular e institucional entre as várias modalidades da etapa de escolaridade média; e visível desespecialização das modalidades profissionalizantes [...].

Constata-se que a ideia que rege esse Parecer e as DCNEM consiste em se executar um currículo com base em uma pedagogia diferenciada, alicerçado em abordagens orgânicas e ativas, que favoreçam a integração dos conhecimentos. Também que as avaliações tenham foco na equidade do ensino e das aprendizagens, de maneira que seja possível estabelecer e cumprir padrões de qualidade e de eficácia na oferta do Ensino Médio. Nessa perspectiva, um currículo assim estruturado tem como objetivo assegurar aos egressos condições semelhantes de conhecimento dos campos científico e tecnológico, bem como de desenvolvimento de habilidades, valores e atitudes para continuarem aprendendo ao longo da vida e atuando nos distintos campos, tempo, espaços e cenários, com fluidez, praticidade, autonomia intelectual e pensamento crítico.

Essa pedagogia diferenciada se consolida no que determinam a LDBEN n. 9.394/1996 e as DCNEM (BRASIL, 1998b), de maneira que, em consonância, as duas legislações orientam que a composição dos currículos por competências básicas, e ainda por conteúdos e abordagens, deve ser estruturada com base nos princípios pedagógicos da *identidade*, da *diversidade*, da *autonomia*, da *interdisciplinaridade* e da *contextualização*. Ainda apontam para a necessidade de se direcionar o trabalho pedagógico com metodologias que estabeleçam situações de aprendizagem baseadas na resolução de problemas, bem como na execução de projetos. Nessa direção, a interdisciplinaridade é outro aspecto que as DCNEM (BRASIL, 1998b, p. 29-30) fundamentam e elucidam quando definem que o trabalho pedagógico "interdisciplinar"

> deve ir além da mera justaposição de disciplinas e, ao mesmo tempo, evitar a diluição delas em generalidades. De fato, será principalmente na possibilidade de relacionar as disciplinas em atividades ou projetos de estudo, pesquisa e ação, que a interdisciplinaridade poderá ser uma prática pedagógica e didática adequada aos objetivos do ensino médio. [...] todo conhecimento mantém um diálogo permanente com outros conhecimentos, que pode ser de questionamento, de confirmação, de complementação, de negação, de ampliação, de iluminação de aspectos não distinguidos. [...] a interdisciplinaridade supõe um eixo integrador, que pode ser o objeto de conhecimento, um projeto de investigação, um plano de intervenção [...] ela deve partir da necessidade sentida pelas escolas, professores e alunos de explicar, compreender, intervir, mudar, prever, algo que desafia uma disciplina isolada e atrai a atenção de mais de um olhar, talvez vários [...] processos que requerem um conhecimento que vai além da descrição da realidade e mobiliza competências cognitivas para deduzir, tirar inferências ou fazer previsões a partir do fato observado.

Foi nesse mesmo documento que ficou estabelecida a organização curricular por áreas de conhecimento. Cada área deve ser constituída de saberes e competências afins, incluindo suas tecnologias próprias e considerando as condições de objetos de estudo, de processos e de recursos de aprendizagem, além da conexão não só com o mundo do trabalho, mas também com os contextos em que está inserido o estudante, principalmente no que se refere ao "mundo computacional e virtual" e à forma como ele se relaciona com os outros e com as aprendizagens.

É oportuno registrar que a Resolução CNE/CEB n. 3/1998 corroborou as orientações para o cumprimento das finalidades do Ensino Médio, expressando, em seu art. 5º, que

> para cumprir as finalidades do ensino médio previstas pela lei, nossas escolas organizarão seus currículos de modo a:
>
> I - ter presente que os conteúdos curriculares não são fins em si mesmos, mas meios básicos para constituir competências cognitivas ou sociais, priorizando-as sobre as informações;
>
> II - ter presente que as linguagens são indispensáveis para a constituição de conhecimentos e competências;
>
> III - adotar metodologias de ensino diversificadas, que estimulem a reconstrução do conhecimento e mobilizem o raciocínio, a experimentação, a solução de problemas e outras competências cognitivas superiores;
>
> IV - reconhecer que as situações de aprendizagem provocam também sentimentos e requerem trabalhar a afetividade do aluno (BRASIL, 1998a, p. 2).

Esses conceitos foram referenciais para o Conselho Nacional de Educação (CNE), que estabeleceu as Diretrizes Curriculares Nacionais (DCNs) ao longo da década de 1990, e as revisou nos anos 2000. Corroborando essa concepção, o art. 26 da LDBEN (BRASIL, 1996), com redação dada pela Lei n. 12.796, de 2013, reitera essa questão ao determinar que

> os currículos da Educação Infantil, do Ensino Fundamental e do Ensino Médio devem ter uma base nacional comum, a ser complementada, em cada sistema de ensino e em cada estabelecimento escolar, por uma parte diversificada, exigida pelas características regionais e locais da sociedade, da cultura, da economia e dos educandos (BRASIL, 1996; ênfase adicionada *apud* BRASIL, 2018a, p. 11).

As novas DCNs, promulgadas pelo CNE em 2010, ampliaram e organizaram o conceito de "contextualização", como "a inclusão, a valorização das diferenças e o atendimento à pluralidade e à diversidade cultural, resgatando e respeitando as várias manifestações de cada comunidade" (BRASIL, 2018a, p. 11). É o que registra a Resolução CNE/CEB n. 7/2010, que atualizou as Diretrizes Curriculares Nacionais para a Educação Básica.

A partir de 2010, os avanços tecnológicos e as mudanças sociais se tornaram desafios ainda maiores para a educação. A escola perdeu o *status* de única geradora de conhecimento e assumiu novos papéis, principalmente com relação à necessidade de contribuir com os adolescentes e jovens em seu projeto de vida.

Nesse cenário, a atualização das DCNEM, em 2012 (Parecer CNE/CEB n. 5/2011 e Resolução n. 2/2012), corroborou a condição central dos jovens como sujeitos das aprendizagens e de direitos, reiterando que eles têm necessidades educacionais distintas, porque são pessoas com identidades individuais e coletivas diversas. Nessas legislações, estabeleceu-se o termo "escola da qualidade social", que acrescenta um olhar para a boa qualidade das relações entre sujeitos – e deles com o planeta –, na efetividade das aprendizagens significativas e transformadoras de indivíduos e da sociedade, o que foi chamado de "cultura de vida", reformulando o antigo foco do conceito de qualidade, estabelecido com base em critérios e indicadores relacionados a aspectos da infraestrutura ou do rendimento escolar (taxas de aprovação, reprovação, abandono, evasão e distorção idade-ano).

Aproximando essa linha do tempo das mudanças à implantação desse Novo Ensino Médio, tem-se o Plano Nacional de Educação (PNE, 2014-2024), que foi aprovado pela Lei n. 13.005 de 2014, por consequência da Emenda n. 59/2009. As estratégias que vieram influenciar o currículo determinaram que fosse institucionalizado um

> programa nacional de renovação do ensino médio, a fim de incentivar práticas pedagógicas com abordagens interdisciplinares estruturadas pela relação entre teoria e prática, por meio de currículos escolares que organizem, de maneira flexível e diversificada, conteúdos obrigatórios e eletivos articulados em dimensões como ciência, trabalho, linguagens, tecnologia, cultura e esporte [...] o Ministério da Educação, em articulação

> e colaboração com os entes federados e ouvida a sociedade mediante consulta pública nacional, [elaborasse] e [encaminhasse] ao Conselho Nacional de Educação (CNE), até o segundo ano de vigência deste PNE, proposta de direitos e objetivos de aprendizagem e desenvolvimento para os(as) alunos(as) de ensino médio, a serem atingidos nos tempos e etapas de organização deste nível de ensino, com vistas a garantir formação básica comum [...] (BRASIL, 2014).

Como se pode constatar, o processo de construção das mudanças implantadas em 2022 vem de longa data e norteia-se por essas legislações para firmar os fundamentos consolidados na BNCC e nas DCNEM de 2018, pois o Parecer CNE/CEB n. 3/2018, amparado na Lei n. 13.415/2017 e na BNCC do Ensino Médio, reitera e consolida, em grande parte, o disposto no Parecer CNE/CEB n. 15/1998, em termos de princípios e valores fundantes, abordagens e finalidades do Ensino Médio, mas traz inovações conceituais de significado estrutural para essa etapa de ensino. E para elucidar a continuidade das mudanças em prol de melhorias nessa etapa da Educação Básica, serão sintetizados os principais pontos de fundamentos e de avanços das recentes legislações.

A Lei n. 13.415, publicada em 16 de fevereiro de 2017, conhecida como a Lei do Novo Ensino Médio, que alterou a LDBEN n. 9.394/1996, determina a parte mais desafiadora dessa nova estrutura curricular. A ênfase dos fundamentos está na necessidade de se atender aos anseios e às demandas dos jovens do século XXI e de se articular a formação dos estudantes, nessa etapa final da Educação Básica, com os pilares de uma educação para o protagonismo e para a formação integral da pessoa. Atribui à escola contemporânea o papel central de promover ambientes de aprendizagem, preferencialmente colaborativa, em espaços de exercício de sociabilidades, pautados em valores humanos individuais e coletivos, tão caros e urgentes à sociedade contemporânea.

No ano seguinte, em 2018, foram publicados o Parecer CNE/CEB n. 3/2018 (BRASIL, 2018d) e a Resolução CNE/CEB n. 3/2018, atualizando as últimas Diretrizes Curriculares Nacionais para o Ensino Médio, em razão das alterações introduzidas pela Lei n. 13.415/2017. Em 28 de dezembro, ainda, a Portaria n. 1.432/2018 estabeleceu os referenciais para a elaboração dos Itinerários Formativos conforme preveem as Diretrizes Nacionais do Ensino Médio. Considera-se que as determinações dessas legislações com mais impacto na estrutura do Novo Ensino Médio são:

- A ampliação da carga horária de 800 para 1.000 horas anuais, a partir de 2022, que deverá atingir, progressivamente, 1.400 horas anuais, embora ainda sem prazo estabelecido.
- A composição do currículo em Formação Geral Básica (FGB), por competências e habilidades determinadas pela BNCC como as aprendizagens essenciais, organizada por áreas do conhecimento, e/ou pelos componentes curriculares inseridos em suas respectivas áreas, e pelos Itinerários Formativos, que devem ser organizados nas áreas: linguagens e suas tecnologias; matemática e suas tecnologias; ciências da natureza e suas tecnologias; ciências humanas e sociais aplicadas; e formação técnica e profissional, cuja estrutura deve ser por meio de diferentes arranjos curriculares.
- A Formação Geral Básica não pode passar de 1.800 horas, mas, para os Itinerários Formativos, o mínimo é de 1.200 horas.
- Os Itinerários Formativos devem ser organizados a partir de quatro eixos estruturantes (Investigação Científica, Processos Criativos, Mediação e Intervenção Sociocultural e Empreendedorismo), os quais visam integrar e integralizar os diferentes arranjos estruturados, bem como criar oportunidades para que os estudantes vivenciem experiências educativas profundamente associadas à realidade contemporânea, que promovam a sua formação pessoal.

- O trabalho pedagógico deve ser voltado para a construção do projeto de vida dos estudantes, com vistas à sua formação geral nos aspectos físico, cognitivo e socioemocional.
- A avaliação deve ser realizada com métodos e procedimentos avaliativos processuais e formativos, organizados nas redes de ensino por meio de atividades teóricas e práticas, provas orais e escritas, seminários, projetos e atividades *on-line*, com verificação do alcance de domínio dos princípios científicos e tecnológicos que presidem a produção moderna e o conhecimento das formas contemporâneas de linguagem.

É importante ressaltar a ênfase sobre a integração entre a formação geral básica e o aspecto da preparação para o mundo do trabalho que o currículo deve assegurar. O relator do Parecer da Resolução n. 3/2018 (DCNEM) fundamenta que:

> não haverá dissociação entre a formação geral e a preparação básica para o trabalho, nem esta última se confundirá com a formação profissional, pois a preparação básica para o trabalho deverá estar presente tanto na base nacional comum como na parte diversificada. O ensino médio, atendida a formação geral, incluindo a preparação básica para o trabalho, poderá preparar para o exercício de profissões técnicas, por articulação com a educação profissional, mantida a independência entre os cursos (BRASIL, 2018b, p. 5).

Considerando essa linha de fundamentos, torna-se evidente que o Parecer CNE/CEB n. 3/2018 resgata as DCNEM (BRASIL, 1998a), pois apresenta as determinações que se referem à organização dos currículos do Ensino Médio, considerando um trabalho pedagógico baseado no conhecimento aplicado, no formato de saberes e competências, sobrepondo-se ao conhecimento puro e adotando, nessa perspectiva, metodologias ativas diversas.

Outras orientações marcantes que cabe registrar são o cuidado com os aspectos emocionais dos estudantes e a valorização dos princípios pedagógicos da identidade, diversidade e autonomia, da interdisciplinaridade e da contextualização, na busca da melhor adequação possível às necessidades dos estudantes e do meio social; a observância dos princípios da estética da sensibilidade, da política da igualdade e da ética da identidade; e a necessidade de vincular a educação formal ao mundo do trabalho e à prática social, consolidando a preparação para o exercício da cidadania e propiciando a preparação básica para o trabalho.

Dessa forma, o conceito de currículo fundamentado pelas DCNEM (BRASIL, 2018b) apresenta-se ainda mais integrado à realidade e à identidade dos estudantes, o que implica mais significado e possibilidade de favorecer a oferta de uma educação que permita a esses adolescentes e jovens continuarem aprendendo ao longo da vida.

> O currículo é conceituado como a proposta de ação educativa constituída pela seleção de conhecimentos construídos pela sociedade, expressando-se por práticas escolares que se desdobram em torno de conhecimentos relevantes e pertinentes, permeadas pelas relações sociais, articulando vivências e saberes dos estudantes e contribuindo para o desenvolvimento de suas identidades e condições cognitivas e socioemocionais (BRASIL, 2018b, art. 7º).

Outras mudanças relevantes, constantes nas DCNEM (BRASIL, 2018b) para o novo currículo do Ensino Médio, dizem respeito à:

- Tradução das áreas do conhecimento em termos de "direitos e objetivos e direitos de aprendizagem", conforme previsto pelo Plano Nacional de Educação 2014-2024.
- Formação integral que contemple o projeto de vida dos estudantes como estratégia pedagógica que os leve a refletirem sobre sua trajetória escolar, a desenvolverem o autoconhecimento e a planejarem sua carreira nas dimensões pessoal, cidadã e profissional.
- Inclusão dos Itinerários Formativos, que deverão ser organizados pelas escolas e/ou redes de ensino como parte da grade horária obrigatória da etapa de ensino, de maneira orgânica e

indissociavelmente integrada à parte comum, permitindo aos estudantes escolherem um, ou mais de um, itinerário, seja no âmbito propedêutico de uma das quatro áreas do conhecimento, seja no campo da formação técnico-profissional, sempre com vistas ao aprofundamento dos conhecimentos e à preparação para o prosseguimento dos estudos ou para o mundo do trabalho, vindo a contribuir para a construção de soluções de problemas específicos da sociedade.

- Consideração de competências eletivas complementares do estudante como forma de ampliação da carga horária do Itinerário Formativo escolhido, atendendo ao projeto de vida do estudante.

Quanto aos processos seletivos para o Ensino Superior, o art. 32 dessas Diretrizes (BRASIL, 2018b) determina que as matrizes de referência de todos os processos seletivos brasileiros para acessá-lo sejam subordinadas à Base Nacional Comum Curricular (BNCC) e aos Referenciais para Elaboração dos Itinerários Formativos. Compreende-se que essa determinação legal impõe coerência a todo o sistema de educação – Básica e Superior – no Brasil.

Enfim, esse panorama das legislações evidencia o longo movimento para a reestruturação da última etapa da Educação Básica brasileira, cuja perspectiva, hoje, é que o Brasil efetivamente consiga fazer um Ensino Médio "novo", por considerar as necessidades, as expectativas e os interesses dos estudantes e por contribuir para a construção dos seus projetos de vida, fortalecendo o exercício de seu protagonismo em suas histórias.

Os sentidos de juventudes e o protagonismo: uma concepção contemporânea

Para prosseguir nesta reflexão, considera-se relevante trazer à discussão os sentidos de termos como "juventudes", "protagonismo" e "identidade", abordados pela BNCC. O documento orienta que não se deve considerar a *juventude* apenas como uma fase que representa a complexa transição da infância para a maturidade da vida de uma pessoa, e sim ampliar essa concepção para "juventudes" (BRASIL, 2018a).

> A condição sócio-histórico-cultural de uma categoria de sujeitos que necessita ser considerada em suas múltiplas dimensões, com especificidades próprias que não estão restritas às dimensões biológica e etária, mas que se encontram articuladas com uma multiplicidade de atravessamentos sociais e culturais, produzindo múltiplas culturas juvenis ou muitas juventudes (BRASIL, 2011; ênfase adicionada *apud* BRASIL, 2018a, p. 463).

Sobre as **juventudes**, é necessário compreender que as culturas juvenis são tão singulares quanto diversas e dinâmicas. Torna-se imperativo reconhecer que os jovens são pessoas que participam das sociedades em que estão inseridos, e o fazem de maneira ativa. Eles devem ser entendidos como sujeitos singulares, mas também coletivos, que se formam e são formados nas relações com os outros, nas experiências e nas mediações com os saberes, em seus espaços e tempos, virtuais e físicos, objetiva e subjetivamente (BRASIL, 2018a). Sendo assim, a escola deve se constituir como espaço aberto para a construção da aprendizagem de maneira dialógica e colaborativa, por meio das relações e experiências dos sujeitos no campo da cultura escolar (OLIVEIRA, 2016). Ao considerar que há muitas juventudes, a BNCC aponta a necessidade de se

> organizar uma escola que acolha as diversidades, promovendo, de modo intencional e permanente, o respeito à pessoa humana e aos seus direitos. E mais, que garanta aos estudantes ser protagonistas

> de seu próprio processo de escolarização, reconhecendo-os como interlocutores legítimos sobre currículo, ensino e aprendizagem. Significa, nesse sentido, assegurar-lhes uma formação que, em sintonia com seus percursos e histórias, permita-lhes definir seu projeto de vida, tanto no que diz respeito ao estudo e ao trabalho, como também, no que concerne às escolhas de estilos de vida saudáveis, sustentáveis e éticos (BRASIL, 2018a, p. 463).

Dessa maneira, o Novo Ensino Médio deve promover a superação desses desafios que estão relacionados aos objetivos e às características dessa última etapa de ensino que, pela pluralidade de seu público-alvo, são tão peculiares e próprias, o que dificulta uma definição de identidade desse segmento. Hoje, essa **identidade** é pautada em dois propósitos maiores: o ensino propedêutico, predominantemente, com a intenção de preparar os jovens para o ingresso no Ensino Superior; e a preparação para o mercado de trabalho, esta em maior presença nos contextos do sistema público.

Portanto é necessário que a estrutura desse Novo Ensino Médio alcance o propósito de consolidar sua identidade como a etapa de ensino que promove situações de aprendizagem capazes de enfrentar os desafios da contemporaneidade (sociais, econômicos, políticos e ambientais), com tomadas de decisões pautadas nos princípios éticos e nos valores humanos e sociais. A BNCC aponta para a necessidade de apresentar a esse jovem o mundo como

> campo aberto para investigação e intervenção quanto a seus aspectos políticos, sociais, produtivos, ambientais e culturais, de modo que se sintam estimulados a equacionar e resolver questões legadas pelas gerações anteriores – e que se refletem nos contextos atuais –, abrindo-se criativamente para o novo (BRASIL, 2018a, p. 463).

Com relação ao **protagonismo**, compreende-se que o seu desenvolvimento está associado a uma prática educativa com adolescentes e jovens que visa estimular a vivência concreta do autoconhecimento para a construção da sua identidade pessoal, bem como para a educação sociopolítica e a prática da cidadania ativa e responsável, que são componentes importantes do desenvolvimento humano, da autonomia e do engajamento social do estudante.

Assim, desenvolver competências para o pensamento crítico e criativo, para a responsabilidade e o empreendedorismo é condição *sine qua non* nos processos educativos. É fundamental fazer com que adolescentes e jovens participem ativamente tanto das ações do contexto escolar quanto da comunidade da qual fazem parte, a fim de desenvolverem o senso de apropriação e de contribuição com os espaços sociais em que estão inseridos.

> O protagonismo dos(as) adolescentes pressupõe uma relação dinâmica entre formação, conhecimento, participação, responsabilização e criatividade como mecanismo de fortalecimento da perspectiva de educar para a cidadania, levando-se em conta que o desenvolvimento permanente faz parte da condição de sujeito, sem perder de vista que a pessoa é uma realidade em processo, imersa em seu tempo, no seu cotidiano e na história, pré-requisito para o desempenho autônomo na sociedade (SILVA, 2015, p. 3).

Então, cabe às escolas de Ensino Médio proporcionar aos estudantes processos de aprendizagem que desenvolvam habilidades necessárias à percepção e à leitura da realidade, com consciência e intenção analítica, e com propósito de mediação e intervenção social, em vista da transformação e (re)construção do mundo e de uma sociedade mais humana e inclusiva.

Gomes da Costa, Semler e Dimenstein (2010) reiteram essa necessidade ao afirmarem que a autonomia de adolescentes e jovens requer a possibilidade de se realizar escolhas consistentes e fundamentadas. Ainda, os autores destacam que a autonomia também depende da capacidade de "se responsabilizar pelos resultados, tanto positivos quanto negativos, do que [se] faz" (COSTA; SEMLER; DIMENSTEIN, 2010, p. 92).

Sendo assim, o trabalho para se desenvolver competências, mobilizando conhecimentos, habilidades, atitudes e valores, deve favorecer a autonomia necessária para tornar os estudantes aptos a corresponderem às demandas do século XXI por cidadãos que demonstrem versatilidade, criatividade, empatia, autoconhecimento e maturidade socioemocional para lidarem com os inúmeros e diversos desafios de um presente plenamente conectado com o futuro. Em síntese, a proposta aqui defendida está pautada no objetivo de "ampliar a educação ao conjunto da experiência humana (ser, conviver, fazer, aprender) e estendê-lo ao longo de toda a vida, transcendendo os limites da instituição e da idade escolar" (COSTA; VIEIRA, 2006, p. 50).

Compreende-se, então, que o impacto da reformulação da Educação Básica brasileira e da proposta de educação para o Ensino Médio, a partir de 2022, atingirá todos os sujeitos envolvidos nas comunidades educativas – estudantes, educadores, famílias –, estendendo-se também à sociedade como um todo, porque a abordagem das pedagogias do aprender a aprender, presentes nas concepções pedagógicas e organizacionais da BNCC, representa inovações profundas por retirar o foco do ensino para priorizar as aprendizagens dos estudantes. Isso implica mudar, substancialmente, todos os aspectos do trabalho pedagógico, refletindo em todas as relações do fazer escolar, que deve, mais do que nunca, considerar que a sociedade contemporânea está cada vez mais em um ritmo constante e acelerado de mudanças e que as gerações do século XXI são formadas por juventudes diversas e pluridimensionais.

Considerações finais

Que proposta de educação é necessária para se alcançar o que essa reforma denominou de Novo Ensino Médio? O que será feito de "novo" e o que será feito como "mais do mesmo" na perspectiva do novo? Quem são os sujeitos do Ensino Médio do século XXI? Como, efetivamente, esses sujeitos ocuparão o centro das intencionalidades pedagógicas definidas nas ações formativo-educativas? Quem são os educadores do Ensino Médio do século XXI? O que educadores e estudantes pensam das relações que constroem em seus percursos formativos? O quanto reconhecemos nestes sujeitos - adolescentes e jovens - que, mesmo sendo únicos, hoje constituem a pluralidade das juventudes?

São inúmeras questões e reflexões imperativas. E parece válido considerar que todas impõem o anseio de se ressignificar a educação praticada há mais de duas décadas e romper com os currículos rígidos. Por essa razão, o cerne dessa reforma está nas possibilidades de escolhas que os estudantes poderão fazer para trilhar seus Itinerários Formativos, de acordo com seus projetos de vida, e na consolidação das competências e das habilidades, definidas como aprendizagens essenciais da Formação Geral Básica.

Para isso, é fundamental que se articulem processos de construção de conhecimento e de apropriação dessa proposta de mudança, em sua essência maior, que é qualificar a Educação Básica brasileira em todos os sistemas de ensino; e, consequentemente, desenvolver um sentimento de pertença de educadores e estudantes, de tal forma que contribua para o fortalecimento da motivação necessária às ações a serem implantadas para a consolidação desse projeto nacional em prol da qualidade exigida para a educação do Brasil neste século XXI.

A primeira expectativa é a de que, depois de todo esse percurso de indicações para a construção de um currículo inovador e disruptivo, baseado no desenvolvimento de competências e habilidades para a formação integral de adolescentes e jovens, o sistema de educação, no Brasil, consiga consolidar, para além do conhecimento puro, uma prática pedagógica alicerçada em concepções para formação da pessoa humana, de cidadania e de sociedade, que são intrinsecamente relacionadas, pois a noção da essencialidade do saber, do saber ser e do saber fazer é necessária à dinâmica das aprendizagens continuadas ao longo da vida, para as relações da vida em sociedade e para a inserção e atuação no mundo do trabalho (ARAÚJO, 2004).

Espera-se que esse ressignificar da educação reverbere não só no alcance dos melhores resultados de desempenho dos estudantes em cenários nacionais e internacionais, como também proporcione possibilidades reais de seu crescimento cognitivo e socioemocional. E que, reconhecendo a pluralidade das juventudes, o currículo favoreça o protagonismo desses sujeitos de direito e, sobretudo, que contribua com seus projetos de vida, levando-os a conseguirem realizar seus anseios e sonhos nas próximas etapas da vida.

REFERÊNCIAS

ARAÚJO, R. M. L. As referências da pedagogia das competências. *Perspectiva*, Florianópolis, v. 22, n. 2, p. 497-524, jul./dez. 2004. Disponível em: https://periodicos.ufsc.br/index.php/perspectiva/article/view/9664/8885. Acesso em: 16 fev. 2024.

BRASIL. *Base Nacional Comum Curricular*: educação é base. Brasília: MEC/SEF, 2018a. Disponível em: http://basenacionalcomum.mec.gov.br/abase/. Acesso em: 25 jan. 2024.

BRASIL. Câmara da Educação Básica. Resolução n. 3, de 26 de junho de 1998a. Institui as Diretrizes Curriculares Nacionais para o Ensino Médio. *Diário Oficial da União*, Brasília, DF, 5 ago. 1998. Disponível em: http://portal.mec.gov.br/cne/arquivos/pdf/rceb03_98.pdf. Acesso em: 16 fev. 2024.

BRASIL. Conselho Nacional de Educação; Câmara de Educação Básica. *Parecer n. 15, de 1º de junho de 1998b*. Diretrizes Curriculares Nacionais para o Ensino Médio. Brasília, 2018. Disponível em: http://portal.mec.gov.br/cne/arquivos/pdf/1998/pceb015_98.pdf. Acesso em: 16 fev. 2024.

BRASIL. Conselho Nacional de Educação; Câmara de Educação Básica. Parecer n. 7, de 7 de abril de 2010. Fixa Diretrizes Curriculares Nacionais para o Ensino Fundamental de 9 (nove) anos. *Diário Oficial da União*, Brasília, DF, 15 dez. 2010. Disponível em: http://portal.mec.gov.br/dmdocuments/rceb007_10.pdf. Acesso em: 16 fev. 2024.

BRASIL. Conselho Nacional de Educação; Câmara de Educação Básica. Parecer n. 5, de 4 de maio de 2011. *Diretrizes Curriculares Nacionais para o Ensino Médio* (DCNEM). Brasília, 2011. Disponível em: http://portal.mec.gov.br/index.php?option=com_docman&view=download&alias=8016-pceb005-11&category_slug=maio-2011-pdf&Itemid=30192. Acesso em: 16 fev. 2024.

BRASIL. Conselho Nacional de Educação; Câmara de Educação Básica. Resolução n. 2, de 15 de junho de 2012. Estabelece as Diretrizes Curriculares Nacionais para a Educação Ambiental. *Diário Oficial da União*, Brasília, DF, 18 jun. 2012. Disponível em: http://portal.mec.gov.br/dmdocuments/rcp002_12.pdf. Acesso em: 16 fev. 2024.

BRASIL. Conselho Nacional de Educação; Câmara de Educação Básica. Resolução n. 3, de 21 de novembro de 2018b. Atualiza as Diretrizes Curriculares Nacionais para o Ensino Médio. *Diário Oficial da União*, Poder Executivo, Brasília, DF, 22 de novembro de 2018. Disponível em: http://portal.mec.gov.br/docman/novembro-2018-pdf/102481-rceb003-18/file. Acesso em: 16 fev. 2024.

BRASIL. [Constituição (1988)]. Constituição da República Federativa do Brasil de 1988. *Diário Oficial da União,* Poder Legislativo, Brasília, DF, 5 out. 1988. Disponível em: http://www.planalto.gov.br/ccivil_03/constituicao/constituicaocompilado.htm. Acesso em: 25 jan. 2024.

BRASIL. Lei n. 4.024, de 20 de dezembro de 1961. Fixa as Diretrizes e Bases da Educação Nacional. *Diário Oficial da União*, Poder Executivo, Brasília, DF, 27 dez. 1961. Disponível em: https://www2.camara.leg.br/legin/fed/lei/1960-1969/lei-4024-20-dezembro-1961-353722-publicacaooriginal-1-pl.html. Acesso em: 15 fev. 2024.

BRASIL. Lei n. 5.692, de 11 de agosto de 1971. Fixa Diretrizes e Bases para o ensino de 1° e 2° graus, e dá outras providências. *Diário Oficial da União*, Poder Executivo, Brasília, DF, 12 ago. 1971. Disponível em: https://www2.camara.leg.br/legin/fed/lei/1970-1979/lei-5692-11-agosto-1971-357752-publicacaooriginal-1-pl.html. Acesso em: 15 fev. 2024.

BRASIL. Lei n. 13.005, de 25 de junho de 2014. Aprova o Plano Nacional de Educação – PNE e dá outras providências. *Diário Oficial da União*, Poder Legislativo, Brasília, DF, 26 jun. 2014. Disponível em: http://www.planalto.gov.br/ccivil_03/_ato2011-2014/2014/lei/l13005.htm. Acesso em: 25 jan. 2024.

BRASIL. Lei n. 13.415, de 16 de fevereiro de 2017. *Diário Oficial da União*, Poder Executivo, Brasília, DF, 17 fev. 2017. Disponível em: http://www.planalto.gov.br/ccivil_03/_ato2015-2018/2017/lei/l1 3415.htm. Acesso em: 25 jan. 2024.

BRASIL. Ministério da Educação. Portaria n. 1.432, de 28 de dezembro de 2018c. Estabelece os referenciais para elaboração dos itinerários formativos conforme preveem as Diretrizes Nacionais do Ensino Médio. *Diário Oficial da União*, Poder Executivo, Brasília, DF, 31 dez. 2018. Disponível em: https://www.in.gov.br/materia/-/asset_publisher/Kujrw0TZC2Mb/content/id/70268199. Acesso em: 16 fev. 2024.

BRASIL. Ministério da Educação. Conselho Nacional de Educação. *Parecer n. 3, de 8 de novembro de 2018d*. Atualização das Diretrizes Curriculares Nacionais para o Ensino Médio, observadas as alterações introduzidas na LDB pela Lei n. 13.415/2017. Brasília, 2018. Disponível em: http://portal.mec.gov.br/docman/novembro-2018-pdf/102311-pceb003-18/file. Acesso em: 16 fev. 2024.

BRASIL. Lei n. 9.394, de 20 de dezembro de 1996. Estabelece as Diretrizes e Bases da Educação Nacional. *Diário Oficial da União*, Poder Legislativo, Brasília, DF, 23 dez. 1996. Disponível em: http://www.planalto.gov.br/ccivil_03/leis/L9394.htm. Acesso em: 25 jan. 2024.

COSTA, A.; SEMLER, R.; DIMENSTEIN, G. *Escola sem sala de aula.* 3. ed. Campinas: Papirus 7 Mares, 2010 (Coleção Papirus Debate).

COSTA, A.; VIEIRA, M. *Protagonismo juvenil*: adolescência, educação e participação democrática. 2. ed. São Paulo: FTD; Salvador: Fundação Odebrecht, 2006.

OLIVEIRA, R. G de; SILVA, M. R da. (org.). *Juventude e ensino médio*: sentidos e significados da experiência escolar. Curitiba: UFPR/Setor de Educação, 2016. Disponível em: http://www.observatoriodoensinomedio.ufpr.br/wp-content/uploads/2016/11/Juventude-e-Ensino-MedioWEB.pdf. Acesso em: 16 fev. 2024.

SILVA, T. *Protagonismo na adolescência*: a escola como espaço e lugar do desenvolvimento humano. 2015. 118f. Dissertação – Universidade Federal do Paraná. Curitiba, 2015. Disponível em: http://www.ppge.ufpr.br/teses/M09_gamasilva.pdf. Acesso em: 16 fev. 2024.

2

METODOLOGIA DO ENSINO RELIGIOSO PARA O ENSINO MÉDIO

Sonia de Itoz[10]

Sérgio Rogério Azevedo Junqueira[11]

A área das Ciências Humanas e Sociais Aplicadas compõe um campo cognitivo dedicado aos estudos da existência humana e das intervenções sobre a vida, problematizando as relações sociais e de poder, os conhecimentos produzidos, as culturas e suas normas, as políticas e leis, as sociedades nos movimentos de seus diversos grupos, os tempos históricos, os espaços e as relações com a natureza.

Trata-se de uma área que reúne estudos de ações, de relações e de experiências coletivas e individuais que refletem conhecimentos

10 Mestra em Educação pela Pontifícia Universidade Católica de São Paulo (PUC-SP). Graduada em Filosofia pelas Faculdades Associadas do Ipiranga (FAI) e Teologia pela Pontifícia Faculdade de Teologia Nossa Senhora da Assunção. Pesquisadora do Instituto de Pesquisa e Formação Educação e Religião (IPFER). Coordenadora de Ensino Religioso e de Pastoral Escolar no Colégio Emilie de Villeneuve (SP). Pesquisadora do Instituto de Pesquisa e Formação Educação e Religião (Iper). Autora de livros, artigos e materiais de Ensino Religioso e Pastoral Escolar.

11 Livre-docente em Ciência da Religião pela Pontifícia Universidade Católica de São Paulo (PUC-SP). Doutor em Ciência da Educação pela Universidade Pontifícia Salesiana de Roma (Itália) (UPS). Pós-Doutor em Ciência da Religião pela PUC-SP. Pós-Doutor em Geografia da Religião e em Educação pela Universidade Federal do Paraná (UFPR). Pós-Doutor em Ciência da Religião pela Universidade do Estado do Pará (UEPA). Mestre em Ciência da Educação pela UPS. Especialista em Metodologia do Ensino Religioso pela PUC-SP. Especialista em Metodologia do Ensino Superior pelo Conselho de Pastores do Estado de Minas Gerais (CPEMG). Licenciado em Pedagogia pela Universidade de Uberaba (Uniube). Bacharel em Ciências Religiosas pelo Instituto Marista Champagnat (Imach) e professor titular na Pontifícia Universidade Católica do Paraná (PUC-PR). Foi vice-presidente da Associação de Educação Católica (AEC-PR), membro do Conselho Editorial da Revista de Educação da Associação Nacional de Educação Católica do Brasil (Anec) e da Revista de Pastoral da Anec.

sobre a própria pessoa e sobre o mundo, em diferentes manifestações naturais e sociais. Ainda que sujeita a diferentes correntes e vertentes teóricas, seu pressuposto fundamental considera o ser humano como protagonista de sua existência. A identificação e a caracterização das Ciências Humanas e Sociais Aplicadas ocorrem a partir da compreensão das especificidades dos pensamentos filosóficos, históricos, geográficos, sociológicos e antropológicos, de modo que podemos incorporar o Ensino Religioso a essa área, como proposto no Parecer do CNE/CEB n. 08/2019.

Na legislação, o Ensino Religioso é um componente ofertado ao longo do Ensino Fundamental. Porém, é possível ser ofertado segundo o interesse das instituições educacionais do país, a fim de enfrentar os desafios e interagir com os constantes e numerosos fenômenos surgidos a cada momento em nossa sociedade. Dentro dessa realidade, o Ensino Religioso pressupõe e torna imprescindível um profundo e atualizado conhecimento do mundo, das situações nas quais vivem nossos adolescentes e jovens, para ofertar uma experiência de aprendizagem que os capacite no exercício ético de sua autonomia e cidadania (JUNQUEIRA, 2021).

O Ensino Religioso no Ensino Médio é compreendido como uma unidade curricular, isto é, aquela parte flexível do currículo com o objetivo de contribuir para preparar os estudantes para o Ensino Superior e o mundo do trabalho, oportunizando a mobilização de competências e habilidades de diferentes áreas ou da formação profissional. A unidade curricular se propõe a consolidar a formação integral dos estudantes, desenvolvendo a autonomia para que realizem o seu projeto de vida; incorporem valores universais; e tenham uma visão de mundo ampla e heterogênea que os capacite para diferentes situações.

As unidades curriculares devem ser organizadas para melhor responderem aos contextos da escola, sendo elementos com carga horária predefinida, formada por um conjunto de estratégias com o objetivo de desenvolver competências específicas. Devem ser organizadas, portanto, considerando a interação entre as áreas de conhecimento; com um formato mais diversificado, preferencialmente com propostas metodológicas mais ativas e vivenciais, como módulos, projetos, oficinas, núcleos de estudo, entre outras formas de oferta; e ofertadas para a escolha do estudante ou de maneira orientada (JUNQUEIRA, 2021).

As unidades curriculares, necessariamente, precisam estabelecer a conexão com o eixo estruturante e fazer mediação e intervenção sociocultural, com o propósito de promover o envolvimento dos estudantes com a vida pública, engajar em projetos de intervenção sociocultural e ambiental, para gerar transformações positivas na comunidade, bem como orientar com relação às profissões do futuro e suas perspectivas.

Incluir o estudo do conhecimento religioso nesse segmento escolar, no qual se propõe a aplicação dos saberes elaborados ao longo do Ensino Fundamental, é relevante inicialmente para conhecer e aprender a respeitar a diversidade, visando superar a intolerância construída na sociedade; em seguida, para compreender a função social das manifestações religiosas na economia, na política e na cultura, de modo a observar sua influência também no comportamento e no cotidiano individual e coletivo; e finalmente para compreender a leitura histórica de nosso país e das diferentes sociedades que, por motivações religiosas, incluíram ou excluíram homens e mulheres. A construção religiosa é, pois, o resultado da aprendizagem de valores, regras morais, padrões de linguagem, convenções, costumes, enfim, de tudo o que pode estar no âmbito de uma determinada cultura.

A religião é, de fato, um componente fundamental para a leitura do mundo em suas diferentes dimensões, política e cultural, de modo que, não por acaso, os conteúdos de Ensino Religioso têm sido cada vez mais desenvolvidos com outras denominações e em diferentes cursos universitários. Como unidade curricular, o Ensino Religioso vem se revelando capaz de favorecer aos estudantes um processo de ensino e aprendizagem que se desenvolve por meio da interação com as pessoas, de modo que possam conquistar um nível de conhecimento diferente dos conhecimentos físico e lógico-matemático, já que não possui uma universalidade que o caracteriza, exatamente por ser um produto da conquista de modos de vida e da organização dos diferentes grupos sociais (JUNQUEIRA, 2021).

É preciso, no entanto, distinguir o objeto de estudo em cada espaço em que é compreendido. Dessa forma, o que é objeto de fé para as igrejas torna-se objeto de estudo para o espaço escolar.

> Isto supõe a distinção entre fé/crença e religião, entre o ato subjetivo de crer e o fato objetivo que o expressa. Essa condição implica na superação da identificação entre religião e igreja, salientando sua função social e o seu potencial de humanização das culturas (COSTELLA, 2004, p. 97).

Para o Ensino Religioso, o objeto de estudo é o conhecimento religioso. Objetos de estudo são desdobramentos, resultantes de construções humanas situadas e condicionadas histórica e socialmente, que detalham e, ao mesmo tempo, delimitam o campo de estudo, orientando a sua especificidade. Os objetos de estudo se constituem instrumentos no processo de análise-síntese na delimitação do estudo. Nesse caso, trata-se de objetos já sistematizados pelas ciências e pela tradição escolar, e que serão acessados, mobilizados e/ou apropriados pelos professores e pelos estudantes no percurso educativo. E no espaço escolar, ao mediar o processo de construção e significação dos saberes, o professor deve balizar sua prática pelo diálogo e pelo debate.

Diante disso, o profissional de educação do Ensino Religioso deve estar preparado e com formação específica e pedagógica para assumir esse componente, uma vez que na dinâmica da educação integral o anseio de aprender a totalidade da vida e do mundo é explicado em forma de conhecimentos culturais. E, como o conhecimento religioso está no substrato cultural, o Ensino Religioso pode contribuir para a leitura da identidade cultural religiosa do país, no entendimento dos símbolos, da arquitetura, da literatura, das expressões artísticas e até dos comportamentos, de modo geral, carregados de elementos híbridos religiosos, bem como das festas de origem religiosa e do próprio calendário civil composto por feriados religiosos.

Aproximando-nos de nossos dias, a nossa atual Constituição brasileira, no seu art. 205, escreve que a educação é "o pleno desenvolvimento da pessoa, seu preparo para o exercício da cidadania sua qualificação para o trabalho" (BRASIL, 1988). Não esclarece o que se refere à educação, pois continuamos confusos diante do que realmente é o educar. Isso significa que apenas modificar algumas palavras e expressões, mesmo que o conteúdo permaneça igual "e nunca claramente definido, responde assim às exigências de múltiplas interpretações, conforme o caso, os interesses e as circunstâncias" (PILETTI, 2002, p. 44).

Com essa perspectiva, o Ensino Religioso no Ensino Médio não está previsto oficialmente na estrutura formal desse segmento, porém, nas escolas confessionais, é um componente exigido e assumido com orientação didática, com conteúdos e métodos específicos, regulamentado pelo Sistema de Ensino e orientado pela coordenação pedagógico-educacional da escola (CNBB, 2016).

Para desenvolver tal conhecimento, o componente curricular de Ensino Religioso trabalha ao modelo dos outros componentes do currículo, desenvolvendo conteúdo a partir das unidades temáticas: Identidades e alteridades; Manifestações religiosas; e Crenças e filosofias de vida, além dos objetos de conhecimento e das habilidades cognitivas e socioemocionais que lhe são específicas (BRASIL, 2018).

É possível, assim, organizar um programa de Ensino Religioso para o Ensino Médio considerando a Base Nacional Comum Curricular (BNCC) e elegendo tanto as competências da área de Ciências Humanas e Sociais Aplicadas, previstas para o Ensino Médio, quanto as competências específicas para o Ensino Religioso tratadas no Ensino Fundamental, que são retomadas de modo mais aprofundado, levando os estudantes a apropriarem-se do sentido cultural e histórico da religião a partir das unidades temáticas.

No planejamento didático, o componente curricular de Ensino Religioso trabalha com o desenvolvimento cognitivo, fundamentado em Jean Piaget, e o desenvolvimento religioso, fundamentado em James Fowler, com objetivos a serem atingidos, metodologias significativas e processos avaliativos, de acordo com a organização e a proposta pedagógica escolar.

Para o estudante do Ensino Médio, o conhecimento religioso favorece o conhecimento sobre a vida e as dimensões pessoais, sociais, culturais, ecológicas e sobrenaturais. Trata de questões, desafios e problemas que inquietam a inteligência humana, construindo reflexões que direcionam para a compreensão de verdades e de sentidos dos seres humanos. Leva a perceber a humanidade e sua ação no mundo, bem como a aprender sobre o sentido da vida, da morte e do pós-morte. Enfim, o componente curricular de Ensino Religioso toma a dinâmica social da religião desde o próprio espaço da escola, do estudo das manifestações religiosas – fator de percepção da história da humanidade –, o que implica organizar uma escola que acolha as diversidades e reconheça seus estudantes jovens como interlocutores legítimos do currículo e do processo de ensino e aprendizagem.

A partir dos pressupostos e da compreensão de organização do Ensino Religioso, propõe-se uma estrutura tendo como referência os conceitos e fundamentos construídos ao longo do Ensino Fundamental (Anos Iniciais e Anos Finais), conforme o Quadro 1.

Quadro 1 – Proposta de estrutura para o Ensino Médio[12]

UNIDADE CURRICULAR	ENSINO RELIGIOSO
ÁREA	CIÊNCIAS HUMANAS E SOCIAIS APLICADAS
CARGA HORÁRIA – semanal/anual	1h/semana – 40 horas/série (para cada série escolar do Ensino Médio)
EMENTA	Aplicar o conhecimento religioso, produzido no âmbito das diferentes áreas do conhecimento científico das Ciências Humanas e Sociais, notadamente das Ciências da Religião, investigando a manifestação dos fenômenos religiosos em diferentes culturas e sociedades enquanto um dos bens simbólicos resultantes da busca humana por respostas aos enigmas do mundo, da vida e da morte. E alicerçar distintos sentidos e significados de vida e diversas ideias de divindade(s), em torno dos quais se organizaram cosmovisões, linguagens, saberes, crenças, mitologias, narrativas, textos, símbolos, ritos, doutrinas, tradições, movimentos, práticas e princípios éticos e morais. Os fenômenos religiosos em suas múltiplas manifestações são parte integrante do substrato cultural da humanidade.
COMPETÊNCIAS	• Utilizar os aspectos estruturantes das diferentes tradições/movimentos religiosos e filosofias de vida, a partir de pressupostos científicos, filosóficos, estéticos e éticos. • Compreender, valorizar e respeitar as manifestações religiosas e filosofias de vida, suas experiências e saberes, em diferentes tempos, espaços e territórios. • Estabelecer estratégias para ampliar a convivência com a diversidade de crenças, pensamentos, convicções, modos de ser e viver. • Analisar e planejar ações que favoreçam as relações entre as tradições religiosas e os campos da cultura, da política, da economia, da saúde, da ciência, da tecnologia e do meio ambiente. • Debater, problematizar e posicionar-se diante dos discursos e práticas de intolerância, discriminação e violência de cunho religioso, de modo a assegurar os direitos humanos no constante exercício da cidadania e da cultura de paz.

12 Quadro organizado a partir da BNCC por Sérgio Rogério Azevedo Junqueira.

EIXO ESTRUTURANTE	Mediação e intervenção sociocultural, com o propósito de promover o envolvimento dos estudantes com a vida pública, engajando-os em projetos de intervenção sociocultural e ambiental para gerar transformações positivas na comunidade, bem como para orientá-los com relação às profissões do futuro e suas perspectivas.
UNIDADES TEMÁTICAS	01. Perguntas pela vida (Identidades e alteridades): pretende-se que os estudantes saibam aplicar o reconhecimento e valorizar o caráter singular e diversos do ser humano, por meio da identificação e do respeito às semelhanças e diferenças entre o eu (subjetividade) e os outros (alteridades), da compreensão dos símbolos e significados e da relação entre imanência e transcendência. 02. Ser de cultura (Manifestações religiosas): a partir do conhecimento, da valorização e do respeito às distintas experiências e manifestações religiosas, assim como da compreensão das relações estabelecidas entre as lideranças e denominações religiosas e as distintas esferas sociais, organizar a leitura do fenômeno religioso na sociedade. 03. Respostas pela vida (Crenças religiosas e filosofias de vida): a partir da compreensão dos aspectos estruturantes das diferentes tradições/movimentos religiosos e filosofias de vida, particularmente sobre mitos, ideia(s) de divindade(s), crenças e doutrinas religiosas, tradições orais e escritas, ideias de imortalidade, princípios e valores éticos, favorecer a leitura no mundo do trabalho aos estudantes da inserção religiosa nos diferentes campos socioeconômico, político e cultural.

METODOLOGIA	Propõe, por meio de leituras, estudos e debates, refletir sobre o fenômeno religioso marcado pelas diversas influências das culturas e comunidades. Espera-se que pela execução desse processo, os estudantes possam reconhecer como a leitura religiosa interfere na sociedade em suas diferentes concepções. A partir de um fato religioso, identificar (o que sei sobre?), em seguida, aprofundar a leitura desse fato (o que há para conhecer?) e finalizar com a reflexão e aplicação do conhecimento promovido pelo fato (para onde vou?) – ver Quadro 2.
ESTRATÉGIAS DE AVALIAÇÃO	Avaliação didático-pedagógica, como elemento integrador entre a aprendizagem dos estudantes e a atuação do professor na construção do conhecimento, para que os instrumentos correspondam à forma do fazer desse componente: informação, observação, reflexão e elaboração pessoal e coletiva a respeito da diversidade cultural e, por conseguinte, religiosa, sendo vedadas quaisquer formas de proselitismo e juízos de valor. Com essas especificidades, o Ensino Religioso promove a humanização das pessoas e da sociedade.

A estrutura proposta para o Ensino Médio envolve uma sequência metodológica que se organiza em torno de três abordagens a serem realizadas junto aos estudantes: identificar o que sabem sobre o fato religioso em questão; aprofundar a leitura do fato com base em uma análise do que ainda há para se conhecer; e refletir sobre a aplicação do conhecimento que o fato religioso promove, indicando-se caminhos disponíveis para seguirem.

O Quadro 2 sintetiza a sequência metodológica descrita.

Quadro 2 – Sequência metodológica[13]

OBSERVAÇÃO O que sei sobre?	Contempla aspectos da realidade associados aos objetos de conhecimento e, portanto, de aprendizado. A observação pode ser realizada a partir de questionamentos, de uma reflexão contextualizada e associada a uma situação-problema ou não. Para tanto, pode-se realizar a escolha de notícias, artigos, obras de arte e outros como mobilizadores e motivadores para introduzir a temática. Trata-se de uma primeira etapa para analisar o cenário, examinando aspectos do objeto em estudo. Na observação, exploram-se as informações iniciais e o conhecimento de cada estudante sobre a realidade relacionada ao objeto de estudo.
IDENTIFICAÇÃO E ANÁLISE O que há para conhecer?	A partir dos estudos da religião, aprofundar a temática, decodificar e ressignificar compreensões e conceitos. Para esse processo, são definidos os aspectos que precisam ser conhecidos e compreendidos, ou seja, o que é o objeto de conhecimento e quais são as variáveis determinantes a situações, fatos, acontecimentos e outros aspectos que o compõem ou estão associados a ele. Após a identificação, faz-se a análise para propiciar suporte teórico-acadêmico que subsidiará a compreensão do que estiver sendo observado e explorado. Assim, o estudante pode compreender as situações e os problemas em uma abrangência maior, e não somente a partir de manifestações baseadas nas suas experiências. Entende-se que as reflexões sobre uma situação e seu referencial teórico permitem abordar diferentes formas de operacionalizar o objeto de conhecimento, explorando aspectos semelhantes e divergentes por meio de diversificados fundamentos e mecanismos de resolução que, associados a uma situação-problema, permitem construir conhecimentos.

13 Quadro organizado a partir da BNCC por Sérgio Rogério Azevedo Junqueira.

APROPRIAÇÃO E RESSIGNIFICAÇÃO Para onde vou?	A partir de atividades, promover a reflexão e sistematização do tema proposto. Em que esse conhecimento contribui para viver e conviver? É a mobilização didática entre teoria e prática que impulsiona a dinâmica ação-reflexão-ação, a qual pode levar a uma ação criativa e transformadora. Essa prática se realiza por meio de atividades e reflexões que conduzem à apropriação e à ressignificação dos saberes. Para isso, agrega-se um conjunto de informações empíricas, técnicas e científicas que, ao serem utilizadas para desenvolver o conhecimento, progressivamente estimularão a compreensão dos aspectos próprios de cada objeto de aprendizagem.
ATIVIDADE AVALIATIVA	O Ensino Religioso utiliza a avaliação processual, oferecendo aos estudantes condições para que possam desenvolver competências mediante percepções diferenciadas sobre um mesmo dado social e religioso, em um processo constante de construção e reconstrução de conhecimentos. Nesse sentido, são propostas atividades avaliativas para contribuir na verificação da aquisição de conceitos e desenvolvimento de competências e habilidades. A atividade avaliativa permite o acompanhamento do processo de ensino-aprendizagem, relevando os aspectos essenciais à formação integral.

As finalidades às quais a formação ofertada no Ensino Médio deve cumprir estão voltadas, principalmente, para o desenvolvimento da cidadania e para o atendimento das expectativas dos adolescentes e jovens. Segundo a Lei de Diretrizes e Bases da Educação (LDBEN), essas finalidades são:

> I - a consolidação e o aprofundamento dos conhecimentos adquiridos no ensino fundamental, possibilitando o prosseguimento de estudos;
>
> II - a preparação básica para o trabalho e a cidadania do educando, para continuar aprendendo, de modo a ser capaz de se adaptar com flexibilidade a novas condições de ocupação ou aperfeiçoamento posteriores;
>
> III - o aprimoramento do educando como pessoa humana, incluindo a formação ética e o desenvolvimento da autonomia intelectual e do pensamento crítico;

IV - a compreensão dos fundamentos científica-tecnológica dos processos produtivos, relacionando a teoria com a prática, no ensino de cada disciplina (BRASIL, 1996, art. 35).

As finalidades às quais a formação ofertada no Ensino Médio deve cumprir estão voltadas, principalmente, para o desenvolvimento da cidadania e para o atendimento das expectativas dos adolescentes e jovens. Ainda, no Ensino Médio, convém observar que ocorre também a preparação básica para o trabalho. Nesse sentido, para o professor que atua nesse segmento de ensino é importante buscar desenvolver no estudante competências para lidar com um contexto complexo e imprevisível de maneira ativa, crítica, criativa e responsável. Para atingir esse objetivo, os projetos pedagógicos e os currículos escolares precisam se estruturar, conforme a BNCC, de modo a:

- explicitar que o trabalho produz e transforma a cultura e modifica a natureza;
- relacionar teoria e prática ou conhecimento teórico e resolução de problemas da realidade;
- social, cultural ou natural;
- revelar os contextos nos quais as diferentes formas de produção e de trabalho ocorrem, sua constante modificação e atualização nas sociedades contemporâneas, em especial no Brasil; e
- explicitar que a preparação para o mundo do trabalho não está diretamente ligada à profissionalização precoce dos jovens – uma vez que eles viverão em um mundo com profissões e ocupações hoje desconhecidas, caracterizado pelo uso intensivo de tecnologias –, mas à abertura de possibilidades de atuação imediata, a médio e a longo prazo para a solução de novos problemas (BRASIL, 2018, p. 465).

As Diretrizes Curriculares Nacionais (DCNs) propõem que no Ensino Médio o contingente de adolescentes, jovens e adultos se diferenciem por uma melhor condição de existência e na perspectiva de um futuro menos desigual. Está em jogo a recriação da escola que, embora não possa por si só resolver as desigualdades sociais, pode ampliar as condições de inclusão ao possibilitar o acesso à ciência, à tecnologia, à cultura e ao trabalho.

É por visar à construção de uma sociedade mais justa, democrática e inclusiva, como "condição para a cidadania e para o aprimoramento do jovem como pessoa humana" (BRASIL, 2018, p. 465), que as escolas devem se constituir em espaços que orientem os estudantes a valorizarem:

- a não violência e o diálogo, possibilitando a manifestação de opiniões e pontos de vista diferentes, divergentes ou conflitantes;
- o respeito à dignidade do outro, favorecendo o convívio entre diferentes;
- o combate às discriminações e às violações a pessoas ou grupos sociais;
- a participação política e social; e
- a construção de projetos pessoais e coletivos, baseados na liberdade, na justiça social, na solidariedade e na sustentabilidade (BRASIL, 2018, p. 465-466).

O Ensino Médio é a etapa final de uma educação de caráter geral, afinada com a contemporaneidade, com a construção de competências básicas que situem o estudante como sujeito produtor do conhecimento e participante do mundo do trabalho, além de promover o desenvolvimento enquanto pessoa e como "sujeito em situação", o cidadão. Nesse contexto, importa realizar uma reflexão conceitual a respeito da adolescência, a fim de melhor orientar as práticas pedagógicas propostas no Ensino Médio, de modo a potencializá-las para que correspondam aos propósitos da formação integral da faixa etária.

A adolescência, uma construção social

Inicialmente, é necessário refletir sobre o termo "adolescência", pois ao se observar a história da civilização ocidental percebe-se que as fases da vida humana são uma construção social. Esse período da vida, portanto, deve ser compreendido a partir dos aspectos psicológicos, históricos e sociológicos. "Adolescência" foi usado pela primeira vez pelo psicólogo G. Stanley Hall em 1898, ao afirmar, com base nas ideias de Rousseau, que o "estado intermediário" entre a infância e a fase adulta não era determinado apenas pelas questões biológicas, mas também por questões sociais – "adolescência é mais que puberdade". Hall denominou a fase entre os 14 e 24 anos como "adolescência", significando um tempo de "embriaguez mental e moral", portanto, digno da "mais alta atenção científica". Nesse aspecto, a obra de G. S. Hall tem uma significação social por formular propostas sociais e educacionais do trabalho para adolescentes (TEÓFILO; JUNQUEIRA, 2011, p. 649).

Adolescente é aquele que está, portanto, numa "condição volátil" por ser "emocionalmente instável e fático". E, para muitos, as emoções estão à flor da pele, com "estados psíquicos ardentes e fervorosos". É a fase de desenvolvimento na qual também se dá "o alvorecer da tomada de consciência do sexo" (GRINDER; STRICKLAND, 1968, p. 24).

"Adolescência" é entendido como um conceito sociológico, uma vez que é determinado pelo grupo social por meio de "elementos sociogenéticos". É possível citar como exemplos desses elementos as leis trabalhistas que protegem e limitam o trabalho para o adolescente, diferenciando as suas condições laborativas das do adulto; o incremento de um sistema educacional democrático acessível à grande massa da população; o adiantamento do trabalho profissional pela crescente exigência de estágios probatórios e anos em formação escolar e técnica (VITIELLO, 1988, p. 11).

Ainda explorando o conceito de "adolescência", Daniel Becker (1986, p. 14-18) a define como "a passagem de uma atitude de simples espectador para uma postura ativa, questionadora", que resultará em "revisão, autocrítica e transformação". E sabemos que o período de desenvolvimento da criança em adulto é marcado por mudanças corporais e psicológicas, consideradas universais, em interação com o ambiente e o meio cultural.

Também se entende a adolescência como uma etapa da vida, "um período evolutivo" em que o ser humano passa por "transformações biopsicossociais", ou seja, é quando se dá

> a perda do corpo infantil; [...] a reorganização de novas estruturas e estado de mente; a aquisição de novos níveis operacionais de pensamento (concreto ao abstrato) e de novos níveis de comunicação (do não verbal ao verbal); a apropriação do novo corpo; o recrudescimento das fantasias edípicas; a vivência de uma nova etapa do processo de separação-individuação; a construção de novos vínculos com os pais, caracterizados por menor dependência e idealização; a primazia da zona erótica genital; a busca de um objeto amoroso; definição da escolha profissional. (OUTEIRAL, 2005, p. 19).

Ao refletir sobre a perda do corpo infantil é relevante considerar, com base na biologia, a diferenciação entre os termos "adolescência" e "puberdade". O primeiro é uma "transição no desenvolvimento entre a infância e a idade adulta e envolve grandes mudanças físicas, cognitivas e psicossociais". Já a puberdade é "um processo pelo qual uma pessoa alcança a maturidade sexual e a capacidade de reprodução". Assim, as transformações físicas, biológicas, marcam o final da infância produzindo um crescimento rápido ou "complexo processo de amadurecimento" do corpo, por isso que para a biologia a "adolescência começa com a puberdade, ou seja, o processo que conduz à maturidade sexual ou fertilidade" (PAPALIA; OLDS, 2000, p. 440).

"Puberdade", do latim *pubertate* – sinal de pelos, barba, penugem –, refere-se as modificações biológicas, enquanto "adolescência" – do latim *adolescere* – refere-se ao crescer que define as transformações psicossociais, com características ligadas ao ambiente sociocultural do indivíduo.

Ampliando um pouco mais a discussão da adolescência, na perspectiva de construção social, é marcada por um tempo da vida entre a infância e a idade adulta, abordada, no entanto, de modo singular em diferentes culturas e épocas, e por cada sociedade ou grupo social. A omissão ou a invisibilidade dessa fase da vida pode resultar na marginalização do indivíduo. Em alguns grupos sociais, esse tempo da vida é marcado por rituais específicos carregados de linguagem simbólica (OUTEIRAL, 2005, p. 46-47), tais como os que veremos na sequência.

O que podemos afirmar é que adolescência é a época em que os indivíduos precisam desenvolver com mais propriedade o processo de construção da identidade, tanto na esfera pessoal quanto na esfera social, a fim de delinearem uma identidade adulta.

Assim, a fase de desenvolvimento do estudante do Ensino Médio se caracteriza por uma revolução cultural, na qual consegue fazer pontes de análise entre culturas, posição ética ou moral. É, também, a idade de novas descobertas, da complexidade do mundo e das relações; da legitimação e da formação de conceitos, que serão norteadores para a vida. Nessa fase de desenvolvimento, o ser humano passa pelo processo de reestruturação social, já que se coloca no contato da complexidade do mundo.

Essa condição vivida pelo adolescente, assim como suas mudanças na responsabilidade e nos papéis sociais, dá origem a incertezas e rupturas psicológicas. Ao pensar em uma organização da vida social adolescente, tendo em vista todas as interpelações da adolescência, basicamente quatro elementos devem ser considerados:

1. Uma parte muito maior de tempo é passada com os pares.
2. A orientação dos adultos é reduzida e se torna mais indireta.
3. A interação entre os sexos aumenta significativamente.
4. A participação em grandes grupos sociais torna-se importante.

Dessa forma, há elementos que podem ser elencados nas habilidades e no comportamento adolescente: raciocínio hipotético, pensar sobre a maneira de refletir, de planejar o futuro e colocar-se além dos limites convencionais. A adolescência é, assim, o período que o indivíduo molda a sua base para a personalidade adulta, é o momento em que muitos conceitos se afirmam e efetivam a construção e a integração do "eu", da personalidade.

As capacidades cognitivas do adolescente geram a consciência e a estruturação de valores morais. No entanto, ao desenvolver o senso de identidade é necessário também construir o senso de valores. Há, pelo menos, duas razões pelas quais se espera que os adolescentes demonstrem crescimento e reflexão sobre as questões morais e políticas complexas: o aumento de suas capacidades cognitivas e o seu esforço na construção de uma identidade.

Dentro de todo esse processo existe uma crise de identidade, bem como uma reestruturação do estado de ser humano, o que leva o adolescente a assumir um papel social e fazer o luto de sua criança interior. Não sendo um adulto e tampouco criança, precisa de orientação para reconciliar os próprios ideais emergentes com o mundo como ele realmente é. O adolescente precisa ainda reconciliar sua visão de quem quer ser com quem não tem sido. Essa última consideração é imprescindível para a orientação do ser adolescente, pois ele vive o impasse entre o desejo de ser e fazer e a realidade de não ter feito e do não querer, alimentado por momentos de irreverência, descompromisso e até mesmo rebeldia, no intento da tão sonhada independência, identidade e liberdade.

Os conhecimentos, de caráter sociológico e antropológico, devem abrir caminhos para a necessidade de outra dimensão: a dimensão religiosa. Nesse sentido, o processo de aprendizagem também busca o saber e o desejo de transcendência, de ir além do que já se sabe. A compreensão do desenvolvimento religioso pede ajustes pedagógicos pertinentes à faixa etária, marcada por mudanças biopsicossociais e, também, espirituais.

O desenvolvimento religioso na adolescência

Para refletir sobre a questão religiosa nessa fase da vida, é preciso ainda compreender o conceito de religiosidade como experiência religiosa, como uma forma de o ser humano externar a sua busca pelo sagrado. É preciso considerar, como Ferraz (1965) e Jung (1978), o homem, por excelência, um animal religioso (*homo religiosuse*), e interpretar os valores religiosos como fundamentais no desenvolvimento cognitivo nas diferentes fases da vida. Nesse processo, a experiência religiosa é tomada como a capacidade de, além de provar, compreender ou descobrir um sentido e atribuí-lo. Sendo a experiência religiosa uma experiência humana, por isso, condicionada ao contexto histórico e cultural, além do "ser", é peculiar a cada um. É, portanto, uma experiência "vivencial relacional" com o mundo, com o Outro (transcendente) e com o grupo social (CROATTO, 2001).

A experiência religiosa se apresenta em duas formas, ou categorias. A primeira, denominada de "religiosidade funcional", é uma experiência voltada à busca de suprir necessidades próprias, motivada pela realização de desejos materiais e temporais. É, portanto, uma religiosidade infantil e imatura, pobre de sentimento, com caráter negativo de temor, de culpa e de insegurança, na qual a busca pelo transcendente ocorre motivada pelo interesse por favores, pois se serve da divindade de maneira utilitarista – "o que atende a uma mentalidade mágica". Tal experiência religiosa reflete um maior interesse pelo ritual do que pelo ético. Uma vez que o rito toma um caráter mágico de solução e alívio, é um tipo de religiosidade "funcional" em que o indivíduo busca conhecer a divindade para estabelecer controle sobre ela, além de assumir na doutrina apenas o que convém e servir-se da religião. A religiosidade funcional caracteriza-se também por um comportamento religioso formal, de palavras não seguidas por práticas (TEÓFIOLO; JUNQUEIRA, 2011, p. 649-650).

A segunda forma de experiência religiosa é a experiência de encontro, resultante do encontro entre uma experiência pessoal e o transcendente tendo como cerne o estado místico da consciência. Essa experiência religiosa é inicialmente individual e apresenta um caráter de mudança na pessoa, pois "toma vida dentro do peito de cada um". Tal experiência leva a um processo de maturação da consciência religiosa e, sem dúvida, ocorre na comunhão mística do encontro com o outro.

Essa experiência religiosa é, assim, uma maturidade religiosa que se manifesta na busca por sentido, e não na satisfação dos "instintos de sobrevivência". É uma experiência em busca de significado que conduz a pessoa à autotranscendência, a uma realidade inefável que chamará de Deus. O ser humano busca significado para sua existência na relação com o transcendente, com o próximo e com o mundo. Nessa experiência tem-se, então, uma visão articulada e harmônica da natureza, da sociedade e de si mesmo. Resulta, assim, em atitudes de caráter "heurístico", em valores coerentes com os próprios comportamentos, uma "experiência cristalizada em atitudes", em integração e convivência com os outros (TEÓFILO; JUNQUEIRA, 2011, p. 644).

Sobre esse aspecto, Jung (1978) especifica a experiência religiosa como o resultado de uma atitude pessoal, de uma consciência transformada na experiência do "numinoso" – termo usado por Otto (2007) para se referir a um efeito dinâmico, independente da vontade, motivado pela fé, confiança e lealdade na "potência" (ou transcendente) –, na busca pelo sentido em uma relação individual direta com o sagrado.

Com base na teoria do desenvolvimento, é possível observar cronologicamente as mudanças na relação com o sagrado desde a infância até a adolescência. As "primeiras noções de Deus" na infância são "assombrosamente concretas e animistas", sendo o reflexo da imagem do Pai, ou seja, a "paternalização da divindade". Aos 10 anos, a criança percebe Deus como uma pessoa com quem pode se relacionar; aos 11, começa a discernir o que é efeito dos próprios atos e o que é ação de Deus, e o concebe como "espírito". Aos 12 anos, a criança já é capaz de conjugar o espiritual com o material, então é capaz de definir Deus como "metade homem, metade espírito". Aos 13, entra na fase em que vacila entre crença e descrença. Aos 14, optou-se pela fé, tem uma percepção de Deus como "uma força que governa" a todos. Aos 15, é menos cética e concebe Deus como uma pessoa. Aos 16, sente dificuldade de expressar verbalmente sua fé e considera Deus um mistério, não tendo ainda um conceito definitivo (FERRAZ, 1965, p. 52).

Ávila (2007, p. 159-162) afirma que "os adolescentes e os jovens são menos religiosos que os adultos" – em função do desenvolvimento do "pensamento abstrato", eles passam a ter um conceito de Deus mais "espiritual ou invisível", como uma pessoa, alguém distinto. O adolescente, porém, não alcança uma relação pessoal com o transcendente, apesar de já ter alcançado um desenvolvimento psicoafetivo. Isso é determinado pelo fato de não haver possibilidade de enfrentamento, o que "torna o processo de articulação pessoal mais lento". Outra possibilidade é a concepção infantil que alguns adolescentes têm de Deus.

> É mais frequente uma concepção infantil de Deus entre aqueles que pertencem a famílias mais religiosas que entre a população em geral. [...] ao haver recebido uma educação religiosa com elementos mágicos, pueris e com conteúdo não pensados, mas decorados, o processo de amadurecimento atrase, permanecendo por mais tempo resquícios de concepções infantis sobre Deus. [...] causa que explica fenômenos de reação e rejeição posteriores frequentes em alguns ateísmos e agnosticismos próprios de muitos dos educados em colégios religiosos, famílias cristãs etc. (ÁVILA, 2007, p. 62).

A adolescência é um tempo marcado pela dúvida e pela diversificação de atitudes frente ao religioso, por uma pluralidade de imagens e conceitos de Deus, além dos conceitos religiosos, como a vida além da morte e o papel da Igreja, o que dificulta a interiorização religiosa. É muito diferente da infância marcada pelo compartilhamento da crença da família, influenciada pela educação recebida. Portanto, os vestígios de crítica e ruptura dos adolescentes com as crenças começam em torno dos 11 anos, porém de maneira velada ou inconsciente, o que pode complicar a articulação de um conceito adulto de Deus. São dúvidas que podem ter origem em fatores como: a integração entre conhecimento religioso e conhecimento científico e a integração entre a vivência da Igreja e aausência de Deus, no sentido afetivo e pessoal.

> por que está tão distante? Por que o chamo e não responde? Para que chamar você se nunca senti sua presença? Essas poderiam ser algumas das perguntas que se faz ou que já nem se quer se faz o adolescente, porque a maioria deles não tem, ou pode ser que nunca tenham tido, essa experiência, mas apenas um conceito de Deus vazio de toda relação pessoal [...] (ÁVILA, 2007, p. 168).

Em diferentes regiões do mundo constatou-se que o distanciamento dos adolescentes das crenças se dá em função de uma fragilidade na religiosidade das famílias. Os que fazem um caminho contrário, ou seja, aqueles que mesmo sem uma influência familiar aderem às seitas ou aos novos movimentos religiosos, o fazem em busca de sentido para a vida ou em busca de soluções para problemas como doenças, drogas ou crises pessoais.

Para Oliveira (1963, p. 62), para sustentar a formação religiosa dos indivíduos, é necessário dar continuidade ao ensino da catequese iniciada na infância, levando em conta a capacidade dos adolescentes de associarem conceitos doutrinários a situações concretas da vida, "apelando cada vez mais para o pensar" (como ato e capacidade). A cultura religiosa deve "penetrar e esclarecer os momentos trágicos da vida familiar e social", e não "teimar em fechar os olhos à exigência de maior cultura". Segundo o autor, a comunhão solene não deve ser considerada "um ponto máximo de cultura ou de formação", principalmente na adolescência.

O que na sociedade contemporânea configura-se como espaços para a articulação da construção da identidade, da inserção e da permanência do adolescente no grupo social? Não é fundamental o retrocesso a um modelo ritualizado de civilização, mas é de extrema importância e urgência que se reconheça que a adolescência é uma fase da vida que demanda recursos de inclusão social, uma medida de proteção, de amparo social e acolhimento, conferindo a possibilidade de sonhar, idealizar e buscar um futuro para dar sentido à vida.

É possível perceber a importância da formação e do desenvolvimento da religiosidade nos adolescentes, bem como uma significativa perda na transmissão entre gerações na cultura contemporânea ocidental. A perspectiva é que o estudo do desenvolvimento da religiosidade possa cooperar na identificação dos impactos da fé e nas características da experiência religiosa da sociedade atual.

A religião foi reconhecida aqui como fornecedora de sentido à vida, capaz de exercer um papel estabilizador, constitutivo e humanizador ao existir humano. Na prática, porém, é constantemente interpretada pelas instituições sociais, inclusive a família, sob um viés utilitarista e egoísta.

Entende-se que, se, por um lado, há no adolescente uma necessidade inata de pertença e de identificação, por outro, há na religião ou na religiosidade uma perspectiva vivencial relacional com o mundo, o transcendente e o grupo social, o que a possibilita conduzir o adolescente para uma experiência de encontro. É fundamental resgatar, na sociedade desagregadora e descontinuada, bem como na família fragilizada e desestruturada, o sentido real da religião ou da experiência religiosa.

É na dinâmica da educação integral, portanto, que o anseio de aprender a totalidade da vida e do mundo é explicado em forma de conhecimentos culturais. E, como o conhecimento religioso está no substrato cultural, o Ensino Religioso contribui para a vida coletiva dos estudantes de Ensino Médio, na perspectiva unificadora que a expressão religiosa tem, de modo próprio e diverso, diante dos desafios e conflitos.

Dessa forma, é proposto que o Ensino Religioso compreenda o adolescente como um sujeito que está construindo um horizonte próprio, que inclui não apenas a maturação dos conhecimentos, mas o posicionamento de valores. Com isso, o componente curricular Ensino Religioso pretende também colaborar na formação integral dos estudantes do Ensino Médio, fornecendo instrumentos de leitura da realidade e de diálogo, buscando desenvolver uma melhor convivência entre as pessoas.

REFERÊNCIAS

ALVES, R. *O que é religião?* São Paulo: Loyola, 2008.

ÁVILA, A. *Para conhecer a psicologia da religião*. São Paulo: Loyola, 2007.

BECKER, D. *O que é adolescência?* São Paulo: Brasiliense, 1986.

BRASIL. [Constituição (1988)]. Constituição da República Federativa do Brasil de 1988. *Diário Oficial da União,* Poder Legislativo, Brasília, DF, 5 out. 1988. Disponível em: http://www.planalto.gov.br/ccivil_03/constituicao/constituicaocompilado.htm. Acesso em: Acesso em: 25 jan. 2024.

BRASIL. *Base Nacional Comum Curricular*: educação é base. Brasília: MEC/SEF, 2018. Disponível em: http://basenacionalcomum.mec.gov.br/abase/. Acesso em: 25 jan. 2024.

BRASIL. Lei n. 9.394, de 20 de dezembro de 1996. Estabelece as diretrizes e bases da educação nacional. *Diário Oficial da União*, Poder Legislativo, Brasília, DF, 23 dez. 1996. Disponível em: http://www.planalto.gov.br/ccivil_03/leis/L9394.htm. Acesso em: 25 jan. 2024.

BRASIL. Ministério da Educação. Secretaria de Educação Básica. Diretoria de Currículos e Educação Integral. *Diretrizes Curriculares Nacionais Gerais da Educação Básica*. Brasília: MEC; SEB; Dicei, 2013.

BRASIL. *Parecer CNE/CEB n. 8/2019, aprovado em 8 de outubro de 2019*. Altera o artigo 15 da Resolução CNE/CEB n. 7, de 14 de dezembro de 2010. Brasília: CNE/CEB, 2019. Disponível em: https://normativasconselhos.mec.gov.br/normativa/view/CNE_PAR_CNECEBN82019.pdf?query=educacao%20escolar%20quilombola. Acesso em: 16 fev. 2024.

CAHN, R. *O adolescente na psicanálise*: a aventura da subjetivação. Rio de Janeiro: Companhia de Freud, 1999.

CIPRIANI, R. *Manual de sociologia da religião*. São Paulo: Paulus, 2007.

CNBB – CONFERÊNCIA NACIONAL DOS BISPOS DO BRASIL. *Pastoral da Educação*: estudos para diretrizes nacionais. São Paulo: Paulinas, 2016.

COSTELLA, D. O fundamento epistemológico do Ensino Religioso. *In*: JUNQUEIRA, S.; WAGNER, R. (org.). *Ensino Religioso no Brasil*. Curitiba: Champagnat, 2004. p. 97-108.

CROATTO, J. S. *As linguagens da experiência religiosa*. São Paulo: Paulinas, 2001.

FERRAZ, J. de S. *Psicologia do adolescente*. Limeira: Letras da Província, 1965.

GRINDER, R. E.; STRICKLAND, C. E. A significação social da obra de G. S. Hall. *In*: BRITTO, S. *Sociologia da juventude*, v. I. Rio de Janeiro: Zahar, 1968.

JUNG, C. *Psicologia e religião*. Petrópolis: Vozes, 1978.

JUNQUEIRA, S. Estudo e uma proposta para o Ensino Religioso como Unidade Curricular para o Ensino Médio nas Escolas Católicas. *In*: LIMA, R.; SBERGA, A. *Coletânea sobre o novo Ensino Médio*. Brasília: ANEC, 2021, p. 98-127.

OLIVEIRA, Z. *O problema religioso na juventude*. Lisboa: União Gráfica, 1963.

OSORIO, L. *Adolescente hoje*. Porto Alegre: Artmed, 1992.

OTTO, R. *O sagrado*. São Leopoldo: Sinodal; Petrópolis: Vozes, 2007.

OUTEIRAL, J. *Clínica psicanalítica de crianças e adolescentes:* desenvolvimento, psicopatologia e tratamento. 2. ed. Rio de Janeiro: Revinter, 2005.

PAPALIA, D. E.; OLDS, S. *Desenvolvimento humano.* 7. ed. Porto Alegre: Artes Médicas Sul, 2000.

PILETTI, N. *Estrutura e funcionamento do Ensino Médio*. São Paulo: Ática, 2002.

SAVAGE, J. *A criação da juventude*. Rio de Janeiro: Rocco, 2009.

TEÓFILO, D.; JUNQUEIRA, S. Religiosidade na adolescência: a necessidade de uma construção consciente e social. I. *Revista Pístis e Praxis*, Curitiba, PUCPR, v. 3, n. 2, p. 635-652.

VITIELLO, N. *et al. Adolescência hoje*. São Paulo: Roca, 1988.

3

CONHECIMENTO RELIGIOSO E O MUNDO DO TRABALHO

Jonathan Félix de Souza[14]
Peterson José Cruz Fernandes[15]

Vivemos contextos que nos desafiam, em todas as dimensões e sentidos da vida.

Essa realidade afeta o processo educacional dos sujeitos como um todo. No que tange à dimensão escolar, em sua obra *Entre o passado e o futuro*, Arendt (2007, p. 234) continua, hoje, nos provocando:

> Quais foram os aspectos do mundo moderno e de sua crise que efetivamente se revelaram na crise educacional para que, durante décadas, se pudessem dizer e fazer coisas em contradição tão flagrante para o bom senso? [...] o que podemos aprender desta crise acerca da essência da educação – não no sentido de que sempre se pode aprender, dos erros, o que não se deve fazer, mas sim refletindo sobre o papel que a educação desempenha em toda a civilização, ou seja, sobre a obrigação que a existência de crianças impõe a toda a sociedade humana?

14 Doutor e mestre em Ciências da Religião, bacharel em Administração e licenciado em Pedagogia pela Pontifícia Universidade Católica de Minas Gerais (PUC-Minas). É coordenador institucional de Pastoralidade dos Colégios Santo Agostinho, sendo o responsável pelas áreas de Ensino Religioso e Projetos de Vida. É fundador e editor-chefe da *Revista Senso* e diretor de Espiritualidade, Inovação e Bem-viver na Gaudium Educação. Foi membro do Comitê Estadual de Respeito à Diversidade Religiosa (CDR/MG) e presidente do Conselho Estadual das Juventudes (Cejuve/MG). Atua como pesquisador, consultor e palestrante.

15 Doutor e mestre em Educação (Pontifícia Universidade Católica de São Paulo), licenciado em Pedagogia (Claretiano Centro Universitário) e graduado em Filosofia (Centro Universitário Salesiano) com especializações em Gestão Escolar (FATEC), Orientação Educacional (FATEC), Administração de Empresas (Fundação Armando Álvares Penteado), com ampla experiência em escolas confessionais. Sócio-fundador da Gaudium Educação e associado-fundador do Instituto Gaudium.

Pensar um projeto educacional escolar exige um olhar aprofundado sobre o contexto contemporâneo, de maneira que seja possível elucidar, para compreender, as relações que se estabelecem entre os elementos forjados no interior da escola com aqueles externos a ela. Na verdade, essa separação é apenas didática, pois a escola está inserida no mundo, de maneira que suas relações, e as do próprio mundo, formam um emaranhado único. Os diversos contextos condicionam a escola, que, por sua vez, condiciona os vários contextos.

No Brasil, já faz algum tempo que a instituição escolar tem enfrentado questões complexas que dizem respeito à sua identidade, forma e papel no processo de desenvolvimento de sujeitos e formação das sociedades. Muitos são os fatores que contribuem com essa realidade. No contexto dessa reflexão, destacamos a radical subordinação dos currículos escolares ao progresso técnico e econômico e sua consequente limitação à dimensão cognitiva. Nesse sentido, pautada na razão e no acesso ao conhecimento científico, a escola é responsável pelo aperfeiçoamento da natureza humana, no que tange ao desenvolvimento de indivíduos eficientes e eficazes, capazes de contribuírem com o aumento da produtividade da sociedade. Cabe lembrar que esse modelo educacional está inserido no contexto da industrialização e do crescimento econômico.

Essa realidade tem comprometido o desenvolvimento integral dos sujeitos e a sua capacidade de engajamento nos contextos em que vivem, pois reduz o conhecimento a conteúdos e procedimentos técnicos que devem estar a serviço de uma produção que garantirá prosperidade científica e econômica para a sociedade. Apenas isso.

Nesse modelo de educação, os conteúdos produzidos pelas ciências, no contexto do Iluminismo e da Revolução Industrial, são compreendidos como as únicas referências, porque ao longo da história consolidou-se como o "paradigma de conhecimento claro e seguro. A racionalidade científica torna-se o padrão do conhecimento que, associada à dimensão da utilidade, agrega poder ao conhecimento" (GOERGEN, 2001, p. 17).

Essa abordagem procura "planejar a educação de modo a dotá-la de uma organização racional capaz de minimizar as interferências subjetivas que pudessem pôr em risco sua eficiência" (SAVIANI, 2001, p. 12), por isso a necessidade de tornar o ensino o mais objetivo e operacional possível. Esse modelo apresenta diversos resultados comprometedores, um deles se refere à "incapacidade de resolver adequadamente as complexas questões implicadas na educação, especialmente as que dizem respeito à formação e constituição dos sujeitos nas e pelas suas interações sociais" (BOUFLEUER, 2001, p. 17).

Esses currículos focados, apenas, no resultado e na técnica assumem, de maneira equivocada, a neutralidade científica como pressuposto e realidade, e pautam-se, deliberadamente, nos princípios da eficiência e da produtividade. Desse modo, não conseguem compreender as questões das sociedades contemporâneas, pois, como aponta Margarita Sgro (2004, p. 92), essas sociedades:

> aceleram os processos de transformação social, e portanto, a integração depende, cada vez menos, da assimilação mecânica de conhecimentos e, cada vez mais, de capacidade de interpretação do mundo produzidas sobre o cenário de uma cultura que já oferece interpretações coletivas, mutáveis e sujeitas a permanentes processos de re-interpretação, os quais requerem do sujeito uma atividade que não se reduz à assimilação e à repetição de conhecimentos, mas que também os compreende.

Nesse contexto, a escola tem dialogado pouco com os seus sujeitos e com a sociedade como um todo. O foco na dimensão cognitiva, em detrimento de uma visão integral da pessoa e de uma compreensão dos diversos contextos a partir das suas complexidades e diversidades, tem promovido uma verdadeira desconexão da escola. Uma crise de sentido e relevância.

Partindo, portanto, dos pressupostos de que o processo educacional deve se estruturar a partir dos contextos nos quais os sujeitos vivem hoje e irão viver no futuro, como adultos que desenvolverão diversos papéis, e de que a identidade individual é condicionada pela identidade coletiva, constata-se que a construção do conhecimento, competência própria das ciências pedagógicas, demanda uma mudança de foco de sua abordagem. Embora a importância do caráter científico do conhecimento permaneça reconhecida, este não pode ser mais o único ou o principal critério ao abordá-lo, pois as sociedades passam a depender cada vez mais de sujeitos em interação, consigo mesmos, com os outros, com a natureza e com os contextos nos quais estão inseridos, afinal, um "sujeito que conhece, ao mesmo tempo, interpreta e constrói os contextos em que vive" (SGRO, 2004, p. 95). Em vistas dessa abordagem, a educação é um processo individual e social de construção de objetos de conhecimento, e não apenas de recepção e transmissão de conteúdos.

Nesse contexto, é pertinente a reflexão de Sacristán (1999), em sua obra *Poderes instáveis em educação*, na defesa à ideia de que o conhecimento científico não oferece diretamente soluções para a prática educativa, uma vez que a indeterminação da atividade pedagógica é o elemento fulcral que garante o protagonismo e a liberdade de criação dos sujeitos. Para o autor, o mundo da ação pedagógica não é o mesmo da técnica, ou seja, não é composto por regras, mas por princípios aplicados com sabedoria. As ações pedagógicas reproduzem e, ao mesmo tempo, criam, pois são abertas à participação dos seus sujeitos com liberdade.

A presente reflexão parte da premissa de que os objetivos gerais da educação estão apoiados na dinâmica das interações sociais, nas quais o ser humano busca reproduzir e renovar suas tradições culturais, estabelecer solidariedade, padrões de convivência e socializar as novas gerações, permitindo o desenvolvimento de identidades pessoais e coletivas.

Para que a escola alcance seus objetivos, em especial, a transmissão da cultura, a socialização e a construção da personalidade, ela deve ser regulada pelos processos de uma ação comunicativa e democrática capaz de transpor visões que fragmentam o ser humano. Em suma, a escola tem papel fundamental na criação de uma consciência crítica, orientada para uma ética que supere as posições individualistas, competitivas e utilitaristas que, muitas vezes, têm norteado a vida humana. A escola deve, portanto, apontar para a solidariedade e o respeito mútuo, pois a educação é o processo pelo qual o indivíduo vai construir sua humanidade e, nessa perspectiva, os currículos são considerados espaços privilegiados para a formação de sujeitos racionais e autônomos. É preciso ter consciência de que, para realizar-se plenamente em um contexto democrático, a educação necessita adotar uma postura que compreende os conhecimentos científicos como construções históricas, ou seja, repletos de provisoriedade e carentes de constante revisão.

Essa nova atitude, de não mais passividade, e sim de possibilidade de questionamento por parte de quem aprende, gera uma relação reflexiva com o mundo, que não está fechada a um prisma individual, ao contrário, necessita do reconhecimento intersubjetivo porque depende da cooperação dos outros.

Para ser relevante hoje, a educação necessita adotar um paradigma dialógico, que rompe com um modelo de relação vertical e puramente tecnicista, pois o conhecimento crítico advém de um desvelamento da sociedade, de um posicionamento político e de uma autêntica reflexão dialógica. O saber não imposto, mas construído, faz o sujeito perceber-se autônomo e capaz de transformar a sua realidade, não aceitando passivamente tudo o que lhe é transmitido, posicionando-se criticamente diante da vida.

É verdade que temos empreendido alguma reflexão que trouxe, nos últimos anos, renovações. Hoje falamos sobre o desenvolvimento de competências em detrimento da mera transmissão de conteúdos; sobre a urgente e necessária abordagem acerca da educação socioemocional, ou não cognitiva; sobre o uso das tecnologias digitais como possibilidade de uma inovação que garanta maior relevância e significatividade aos processos e projetos escolares; sobre a mudança de foco do ensino para a aprendizagem; sobre a necessidade de alocarmos o sujeito no centro do processo pedagógico; dentre outras reflexões importantes.

A escola é um dos grandes espaços de encontro em que gerações, saberes e tradições se convergem para o desenvolvimento de uma competência de diálogo em uma sociedade plural. Um espaço-tempo fundamental e que deve ser garantido por direito às crianças, aos adolescentes e aos jovens, para terem acesso aos conhecimentos produzidos (patrimônio da humanidade) e, ao mesmo tempo, para assumirem seu papel colaborativo nessa construção.

Ao reconhecermos que a instituição escolar é responsável por garantir esse acesso e a intermediação com o patrimônio cultural – e que as pessoas que por ela passam são produtoras de cultura, e não meramente receptoras do que é transmitido –, reconhecemos o seu papel no processo de aprendizagem em que os sujeitos aprendem a (re)conhecer os saberes, as ciências, os costumes que lhe antecederam, entendendo-se como partes e construtores da cultura em um mundo dinâmico e em constante construção.

Queremos aqui apresentar a cultura como um fenômeno humano composto por diversos padrões de significados que são transmitidos e construídos historicamente pela fala. Esses padrões estão presentes na nossa forma de sentir, pensar e agir, e vêm repleto de interpretações sobre o mundo e seus valores. Compreendê-los abre um leque de possibilidades para se situar e atuar em sociedade.

O antropólogo Geertz, ao comentar o conceito de cultura, caminha também nessa direção, explicando o papel da transmissão que ocorre por meio da fala. Segundo ele, a cultura

> denota um padrão de significados transmitido historicamente, incorporado em símbolos, um sistema de concepções herdadas expressas em formas simbólicas por meio das quais os homens [mulheres] se comunicam, perpetuam e desenvolvem seu conhecimento e suas atividades em relação à vida (GEERTZ, 2017, p. 66).

Por isso, a capacidade de comunicar possui um caráter constituinte e orientador do animal humano, como forma máxima de se comunicar e construir projetos coletivos que dão sentido à própria existência e à perpetuação como comunidade humana. Nessa mesma direção, Marià Corbí (2015, p. 41) explica que "a fala (a competência linguística) é um invento biológico, mas o modo concreto de falar é uma construção cultural".

Por conseguinte, no cotidiano, temos um encontro desses muitos modos concretos de falar, com significados que estruturam um sistema de comunicação coletiva que leva os sujeitos a agirem com um repertório de conhecimentos, sejam eles científicos, populares, filosóficos, religiosos e tecnológicos. Identificar esse sistema de comunicação permite perceber um padrão ou paradigma que se articula e se estende a todos os aspectos da vida coletiva, aparecendo nas interpretações e avaliações automáticas presentes na nossa forma de pensar, sentir e agir.

A professora Queralt Prat-i-Pubill (2018) salienta que esses sistemas de comunicação são transmitidos pela força dos sistemas de valores axiológicos, aquelas configurações culturais mínimas constituintes, presentes na linguagem, que orientam o sujeito em suas interpretações e avaliações. Essas configurações estimulam (tocam) o sujeito e recebem um valor intrínseco, que gera sistemas valorativos. A fala exerce um papel axiológico, portanto, que ultrapassa o sentido de sobrevivência, pois

> o que é significativo para os indivíduos humanos, que é aquilo que é estimulante ou axiológico para uma cultura, vem expresso na língua e pressupõe a existência dessa orientação ou sentido. Na língua natural, tudo é axiológico porque está ordenado à estimulação. O significado veiculado na língua é a transposição do sentido de sobrevivência, por isso, pode-se dizer que a língua natural, sendo toda ela significação linguística, não é uma simples designação de algo extralinguístico, mas uma transposição de seu sentido para a sobrevivência. Assim, tanto o significado quanto seu veículo, língua, existem em função da relação do vivente com um meio (GRANÉS, 2016, p. 5).

Granés traz elementos importantes, permitindo perceber que a língua transpõe o sentido de sobrevivência, uma vez que possibilita ao ser humano sair da experiência do dado bruto para a significação/sentido. Essa constatação nos ajuda a compreender que cada sociedade constrói seu modelo axiológico, e identificá-lo é um passo fundamental para perceber os caminhos que movem as pessoas na sua construção. E "o religioso comparece, neste cenário, como a dimensão que, por excelência, constitui-se como parte do axiológico" (SENRA, 2012, p. 1).

Uma vez que a religião é um dos elementos axiológicos dos programas culturais que não está presente apenas em igrejas, templos, terreiros, sinagogas e tantos outros espaços religiosos físicos, pois também se configura, como sistema de valores axiológicos, em um *modus operandi* de parte da sociedade que influencia a vida privada e pública, a instituição escola passa a ter o papel importante de promover uma educação que favoreça a compreensão desse fenômeno e desenvolva competências para a construção de um espaço que promova a convivência democrática e cidadã.

Os jovens encontrarão a religião como *modus operandi* presente na política, no judiciário, no executivo, no legislativo, na educação, na saúde, na academia, na mesa de jantar, na relação sexual, nos bares, nas redes sociais, enfim, em muitos outros lugares. Perceberão, então, que ela está estruturalmente presente nos sistemas de comunicação e valores axiológicos da nossa sociedade, como um sistema de respostas às motivações de diversos sujeitos, gerando interpretações, valorizações e motivações.

Partindo dessa compreensão, podemos inferir sobre a importância do conhecimento religioso na vida profissional e o papel da Educação Básica na formação desses sujeitos. Um ponto que precisamos demarcar é que, ao tratar o conhecimento religioso na escola, não estamos buscando uma clareza ou validação do que foi produzido, tampouco definir se é um conhecimento verdadeiro ou falso.

Não se trata também de responder a esse fenômeno presente nas culturas sob uma perspectiva da fé e da crença, mas, sim, perceber os valores que os sujeitos criaram nas religiões e que expressam em sua forma de ser, agir, pensar e se organizar socialmente. Não se trata, também, de promover um laboratório de práticas religiosas de viés confessional ou interconfessional, ou a teatralização de práticas espirituais.

Trata-se de garantir, com base em pressupostos éticos e científicos, sem privilégio de nenhuma crença ou convicção, uma formação básica sobre o conhecimento religioso. Logo, esse conhecimento é objeto das diferentes áreas do conhecimento científico das Ciências Humanas e Sociais Aplicadas, notadamente das Ciências da Religião. Segundo a Base Nacional Comum Curricular (BNCC), a sua função é promover por meio dessas ciências um caminho investigativo sobre

> a manifestação dos fenômenos religiosos em diferentes culturas e sociedades enquanto um dos bens simbólicos resultantes da busca humana por respostas aos enigmas do mundo, da vida e da morte. De modo singular, complexo e diverso, esses fenômenos alicerçaram distintos sentidos e significados de vida e diversas ideias de divindade(s), em torno dos quais se organizaram cosmovisões, linguagens, saberes, crenças, mitologias, narrativas, textos, símbolos, ritos, doutrinas, tradições, movimentos, práticas e princípios éticos e morais. Os fenômenos religiosos em suas múltiplas manifestações são parte integrante do substrato cultural da humanidade (BRASIL, 2018, p. 438).

Ao compreender esse fenômeno na sociedade, o estudante desenvolve competências específicas para sua atuação profissional em diversos espaços, compreendendo principalmente que a religião não estará presente apenas nos espaços físicos religiosos, e sim na vida do paciente em fase terminal, no cliente que sofreu um preconceito religioso, na relação de compra e venda com empresas que assumem uma identidade religiosa, entre tantas outras possibilidades.

Ao estudar o conhecimento religioso, o sujeito desenvolve competências para atuar em um mundo plural por meio de "conhecimentos (conceitos e procedimentos), habilidades (práticas cognitivas e socioemocionais), atitudes e valores para resolver demandas complexas da vida cotidiana, do pleno exercício da cidadania e do mundo do trabalho" (BRASIL, 2018, p. 10). Uma atuação qualificada que lhe permite compreender como os sistemas de comunicação e valores estão estruturados e movem os sujeitos.

Ao interpretar a religião como um modo de operar estruturante da sociedade, o estudante pode ter em sua atuação profissional alguns ganhos que a BNCC aponta. Dentre eles, podemos destacar a contribuição em diálogos sobre as perspectivas religiosas e seculares de vida, promovendo, no seu espaço de atuação, o respeito às diversas formas de crer e não crer, exercitando, principalmente, o respeito à liberdade de concepções e ao pluralismo de ideias, de acordo com a Constituição Federal (BRASIL, 1988).

A BNCC, ao propor um espaço de aprendizagem da convivência democrática e cidadã, reforça essa opção como um princípio básico para a vida em sociedade, no qual o estudante desenvolve, por meio do Ensino Religioso, competências específicas para uma atuação profissional sábia. Isso tendo em vista que um dos elementos para a compreensão da realidade sociocultural-econômica, seja ela local, regional e/ou nacional, é o elemento religioso presente nesses territórios.

Logo, esses elementos estarão na sua atuação profissional, seja ela no primeiro, no segundo ou no terceiro setor da economia. Ao compreendê-los, o estudante terá competências, habilidades e atitudes para:

1. Conhecer os aspectos estruturantes das diferentes tradições/movimentos religiosos e filosofias de vida, a partir de pressupostos científicos, filosóficos, estéticos e éticos.
2. Compreender, valorizar e respeitar as manifestações religiosas e filosofias de vida, suas experiências e saberes, em diferentes tempos, espaços e territórios.
3. Reconhecer e cuidar de si, do outro, da coletividade e da natureza, enquanto expressão de valor da vida.

4. Conviver com a diversidade de crenças, pensamentos, convicções, modos de ser e viver.
5. Analisar as relações entre as tradições religiosas e os campos da cultura, da política, da economia, da saúde, da ciência, da tecnologia e do meio ambiente.
6. Debater, problematizar e posicionar-se frente aos discursos e práticas de intolerância, discriminação e violência de cunho religioso, de modo a assegurar os direitos humanos no constante exercício da cidadania e da cultura de paz (BRASIL, 2018, p. 439).

O conjunto dessas competências pode contribuir diretamente para uma atuação qualificada em contextos hiperconectados, globalizados e plurais, que exigem a constante construção de estratégias de sobrevivência.

As organizações exigem dos sujeitos aprendizagem e mudança contínuas, tendo como grande característica a capacidade de inovação, criatividade e trabalho em equipe. Peter Senge (1990), autor do conceito "organizações que aprendem", explica que as organizações do século XXI são aquelas em que as pessoas desenvolvem continuamente suas capacidades de criar os cenários futuros que desejam ver. São capacidades desenvolvidas nos encontros. Ele destaca que o caminho que está sendo construído caracteriza-se por um aperfeiçoamento de três capacidades integrativas: **a capacidade de observar** (que não isola o observador da coisa observada), **a capacidade de aquietar-se** (que não fragmenta o observador e tudo o que existe e está emergindo) e **a capacidade de criar realidades alternativas** (SENGE *et al.*, 2007).

No início desta reflexão, questionamos se o conhecimento religioso agregaria algo para a vida profissional. Buscamos levantar algumas possibilidades, destacando, principalmente, as habilidades relacionais essenciais para os encontros em um mundo plural que exigem aprender a lidar com a diversidade e as diferenças.

Qualquer encontro com outrem é uma relação e uma interpelação livre e espontânea sem a exigência de que elas sejam (a relação e a interpelação) delineadas exclusivamente em termos de reciprocidade,

> mas sim e também em termos de gratuidade, de escuta, de respeito que transforma o sujeito que ouvir, de intersubjetividade, de intersubjetivação. Há subjetivação com e a partir da alteridade. Outrem não é apenas o rosto que conheço na reciprocidade das relações da minha religião, da minha cultura, da minha ideologia, da minha pátria. Outrem vem da outra margem, do outro país, da religião que não é minha, da cultura que não é minha, e essa ou esse outrem não será assimilado nessa margem à qual pertenço. Não vivemos isolados num mundo que cada um criou. A subjetivação não emerge olhando apenas para o espelho, mas advém, em termos levinasianos, do contato imediato com o rosto alheio (OLIVEIRA *apud* JUNQUEIRA; BRANDERNBURG; KLEIN, 2017, p. 164-165).

No final desse percurso, compreendemos que o conhecimento religioso, devidamente trabalhado no contexto escolar, configura-se como um relevante e significativo aporte no desenvolvimento de sujeitos integrados, competentes para a vida social e para o mundo do trabalho.

REFERÊNCIAS

ARENDT, H. *Entre o passado e o futuro*. São Paulo: Perspectiva, 2007.

BOUFLEUER, J. P. *Pedagogia da ação comunicativa*: uma leitura de Habermas. Ijuí: Unijuí, 2001.

BRASIL. [Constituição (1988)]. Constituição da República Federativa do Brasil de 1988. *Diário Oficial da União,* Poder Legislativo, Brasília, DF, 5 out. 1988. Disponível em: http://www.planalto.gov.br/ccivil_03/constituicao/constituicaocompilado.htm. Acesso em: Acesso em: 25 jan. 2024.

BRASIL. *Base Nacional Comum Curricular*: educação é base. Brasília: MEC/SEF, 2018. Disponível em: http://basenacionalcomum.mec.gov.br/abase/. Acesso em: 25 jan. 2024.

CORBÍ, M. *Análisis epistemológico de las configuraciones axiológicas humanas. La necesaria relatividad cultural de los sistemas de valores humanos:* mitologías, ideologías, ontologías y formaciones religiosas. Salamanca: Ediciones Universidad de Salamanca, 1983.

CORBÍ, M. El cultivo de la cualidad humana profunda en las sociedades de conocimiento globalizadas. *Principios de epistemología axiológica 4. Barcelona:* Bubok, 2015.

GEERTZ, C. *A interpretação das culturas*. Rio de Janeiro: LTC, 2017.

GOERGEN, P. *Pós-modernidade, ética e educação*. Campinas: Autores Associados, 2001.

GRANÉS, M. *Función biológica del doble acceso a la realidade*. 23 nov. 2016. Disponível em: http://cetr.net/funcion-biologica-del-doble-acceso-a-la-realidad/?lang=es. Acesso em: 12 out. 2018.

OLIVEIRA, E. T. de. Conhecimento religioso. *In.:* JUNQUEIRA, S. R. A.; BRANDERNBURG, L. E.; KLEIN, R. (org.). *Compêndio de Ensino Religioso*. São Leopoldo: Sinodal; Petrópolis: Vozes, 2017.

PRAT-I-PUBILL, Q. *Axiological knowledge in a knowledge driven world*: considerations for organizations. 2018. Thesis (Doctor in Organization and Management Studies) – Copenhagen Business School, Denmark, 2018.

SACRISTÁN, J. G. *Poderes instáveis em educação*. Porto Alegre: Artmed, 1999.

SAVIANI, D. *Escola e democracia*: polêmicas do nosso tempo. 34. ed. rev. Campinas: Autores Associados, 2001.

SENGE, P. *A quinta disciplina*. São Paulo: Best Seller, 1990.

SENGE, P. *et al*. *Presença*: propósito humano e o campo do futuro. Tradução de Gilson César Cardoso de Sousa. Revisão Técnica de Maria Cristina D'Arce. São Paulo: Cultrix, 2007.

SENRA, F. Senso religioso contemporâneo: proposição de uma epistemologia axiológica para um tempo de crises. *In:* SIMPÓSIOS DA ABHR: religião, carisma e poder: as formas da vida religiosa no Brasil. *Anais [...]*, v. 13, 2012. Disponível em: http://www.abhr.org.br/plura/ojs/index.php/anais/article/view/661. Acesso em: 17 fev. 2024.

SGRO, M. *Condições de possibilidade de uma teoria crítica de educação*. 2004. 118f. Tese (Doutorado em Educação) – Faculdade de Educação; Unicamp – Universidade Estadual de Campinas, 2004.

4

UM OLHAR SOBRE O SAGRADO

Edile Fracaro Rodrigues[16]

A educação se constitui historicamente e não acontece de maneira isolada, pois está estreitamente relacionada com a sociedade e a cultura de cada época. É necessário, portanto, relacionar a educação e as concepções sociais e culturais de cada momento histórico para refletir sobre o processo de ensino-aprendizagem.

Ao refletirem sobre o que se faz habitualmente na educação, Rodrigues, Junqueira e Martins Filho (2015, p. 115) indicam que "o conhecimento não é somente resultado, não é somente produto, não é somente resposta", mas é processo da construção, de modo que "nessa elaboração do saber, o currículo é a síntese da interpretação geral do conhecimento produzido pela sociedade". Essas considerações conduzem à reflexão do saber, compreendido como um conjunto de conhecimentos metodologicamente adquiridos, mais ou menos sistematizado e suscetível de ser transmitido por um processo pedagógico de ensino.

Sendo assim, um dos desafios desse processo é compreender as áreas do conhecimento como marcos estruturados de leitura e interpretação da realidade que, a partir dessa interpretação, possibilitam a participação do cidadão na sociedade de maneira autônoma.

---

16 Doutora em Teologia (PUC-PR). Mestra em Educação (PUC-PR) e professora assistente da Pontifícia Universidade Católica do Paraná (PUC-PR).

Nota-se que há uma articulação intrínseca entre as áreas de conhecimento,

> pois se referem às noções e conceitos essenciais sobre fenômenos, processos, sistemas e operações, que contribuem para a constituição de saberes, conhecimentos, valores e práticas sociais indispensáveis ao exercício de uma vida de cidadania plena (RODRIGUES; JUNQUEIRA; MARTINS FILHO, 2015, p. 115).

A escola é um espaço de reflexão e sistematização de diferentes saberes. Assim, para que docentes e estudantes respeitem o direito à liberdade de consciência e à opção religiosa, deve-se considerar os aspectos científicos do universo cultural do sagrado e a diversidade social que rodeia a todos.

É fundamental, portanto, que na base de uma formação humana esteja o diálogo intercultural e inter-religioso para garantir o respeito à identidade e à alteridade, condições necessárias para uma formação cidadã. Nesse contexto, a constante reflexão do fazer pedagógico deve ser: a simples exposição de informações e valores é capaz de permitir o questionamento sobre a própria existência do ser humano, participante das intrincadas relações socioculturais?

O presente texto, além de refletir sobre recursos didáticos – a convergência entre a compreensão de espaços sagrados, patrimônio cultural e uso das redes sociais como parte do fazer pedagógico do professor de Ensino Religioso/Cultura Religiosa –, visa apresentar um percurso metodológico de apoio ao processo de educação da expressão religiosa para a sua aplicação na Educação Básica e Superior.

Uma estratégia para a releitura do religioso: a imagem

A imagem tem se constituído em objeto de pesquisa tanto no campo da comunicação quanto no campo da educação, principalmente por meio da pesquisa social. Para Bauer e Gaskell (2003, p. 20), a pesquisa social "apoia-se em dados sociais - dados sobre o mundo social - que são o resultado, e são construídos nos processos de comunicação".

Esses autores distinguem dois modos de dados sociais: a comunicação formal, que exige conhecimento especializado, e a comunicação informal, que, apesar de poucas regras explícitas, possibilita às pessoas falar, desenhar ou cantar do modo que querem. Em complemento, considerando o interesse da pesquisa social, Bauer e Gaskell (2003, p. 21) também apresentam três meios pelos quais os dados sociais podem ser construídos: texto, imagem e materiais sonoros.

Nesse sentido, eles apontam que o foco da pesquisa social está

> na maneira como as pessoas espontaneamente se expressam e falam sobre o que é importante para elas e como elas pensam sobre suas ações e as dos outros. Dados informais são gerados menos conforme as regras de competência, tais como capacidade de escrever um texto, pintar ou compor uma música, e mais do impulso do momento, ou sob a influência do pesquisador (BAUER; GASKELL, 2003, p. 21).

A cultura visual é um dos campos privilegiados para a análise de estruturas e historicidade de práticas religiosas. As diferentes linguagens são elementos que desde os primórdios organizaram culturas e sociedades, repassando e evoluindo conceitos em prol da manutenção e valorização da espécie humana.

Efetivamente, mesmo que civilização humana tenha sido estruturada a partir da escrita, é importante desenvolver um olhar para uma linguagem que permeia outras formas de comunicação, a partir de conceitos básicos como percepção, interpretação, sensibilidade e visão do todo, e não só das partes, por exemplo. Isso seria um bom começo para um alfabetismo visual.

Considerando que ao processo de ensino-aprendizagem cabe refletir sobre as ações intencionais, o presente trabalho não aborda a questão do uso dos recursos audiovisuais como experiência passiva. Para Torquato (2016, p. 114), "ao escolher um recurso audiovisual como estratégia de ensino é importante que não se esqueça também da aprendizagem".

Favorecer, pois, diferentes leituras, especialmente em uma cultura com base em presenças, realidades e conceitos, é considerar todo signo visual ou sonoro para perceber o potencial informativo enquanto faz referência a um objeto. Acrescentar a comunicação oral e escrita à imensa riqueza de uma comunicação por intermédio de meios de imagens e sons é significativo para a presente geração.

Cabe à educação, dessa forma, utilizar-se da comunicação, do diálogo, da confrontação para que haja a passagem das emoções, da visão global, da intuição ao hemisfério das reflexões e da racionalidade. Isso porque o símbolo carrega em si uma memória de outros símbolos, outros textos, evocando novas imagens e contextos diversos.

Com a leitura do religioso, o ser humano foi aprendendo, por meio dos sons e das imagens na natureza, a utilizar e dar novos significados gerados por experiências prazerosas ou dolorosas. Desde o Período Pré-Histórico, por meio da construção dos sons ouvidos na natureza até as demonstrações artísticas, passando pelas noções de organização urbana presentes nas construções civis e na escultura, o ser humano foi estabelecendo contato consigo e com o outro e aprendendo a partir desse cotidiano.

Se não houvesse uma cultura em comum, representada por meio de uma língua ou um código de conduta, seria difícil criar uma identidade entre diversos indivíduos, e qualquer tentativa de criação de leis, da moral e dos costumes esbarraria nas particularidades de cada um, de modo que ninguém saberia como se portar na sociedade.

Assim, ao longo do tempo, cada civilização buscou estabelecer sua identidade por meio de um conjunto de valores e de comportamentos que a diferenciasse das demais, tanto no patrimônio material, expressando-se nas vestimentas, nas obras de arte, na arquitetura, quanto no patrimônio imaterial, por meio da culinária, da religião, das lendas e mitos, do artesanato e da conduta particular do indivíduo em sociedade. Essa materialização forma o patrimônio de uma comunidade, sendo efetivamente o conjunto de bens que uma pessoa ou uma entidade possui, ou seja, tudo aquilo que constitui um bem apropriado pelo ser humano, com suas características únicas e particulares.

O patrimônio cultural como um todo abrange uma infinidade de bens: objetos, artefatos, inscrições, culinária, danças, obras de arte, documentos, monumentos, edificações, teatros, museus, entre muitos outros, e cada um deles receberá o acréscimo de outros valores, podendo ser histórico, artístico, etnográfico, arqueológico, paisagístico etc., de acordo com as suas características individuais. Sua função primordial é reforçar a noção de cidadania e instruir a nação. Assim, os monumentos seriam a materialização da identidade nacional, representando também a identidade de todos os cidadãos que residem naquele território. A ideia de posse coletiva como parte do exercício da cidadania inspirou a utilização do termo "patrimônio" para designar o conjunto de bens de valor cultural que passou a ser propriedade da nação, ou seja, passou a pertencer a todos os cidadãos de determinada nacionalidade.

Pode-se afirmar que a cultura é uma totalidade complexa, feita de normas, hábitos, repertórios de ação e representações adquiridas pelo ser humano enquanto partícipe de uma sociedade. Toda cultura é singular, geográfica ou socialmente localizada, objeto de expressão discursiva em uma língua dada, fator de identificação dos grupos e dos indivíduos e fator de diferenciação diante dos outros.

Solicitar aos estudantes para olharem de novo o seu cotidiano e procurarem compreender símbolos e construções que remetam a significados de comunidades religiosas, por representarem a história ou o espaço desses grupos, é uma estratégia para compreender e respeitar a diversidade, assumindo-a como uma forma de expressar a relação desses grupos com algo que vai além do humano.

Nesse sentido, colabora a semiologia[17], ciência que estuda a vida dos signos no seio social, entendida como parte da linguística. Para Penn (2003, p. 321), por exemplo, "o sentido de uma imagem visual é ancorado pelo texto que a acompanha, e pelo *status* dos objetos".

A autora ainda aponta que a maioria das imagens está acompanhada de algum tipo de texto. Isso realça uma diferença importante entre imagens e texto: a imagem é sempre ambígua, polissêmica. Daí ser fundamental que algum tipo de texto acompanhe a imagem para que ambos, imagem e texto, contribuam para um sentido mais completo.

As imagens materializadas em objetos, construções e representações são o resultado da cultura inserida no contexto de uma determinada sociedade; são um elemento de identidade que fornece para o indivíduo uma visão de mundo, de seus valores morais e do estilo de vida que o diferenciam dos demais em um mundo pluralizado.

Educar para respeitar

A LDBEN n. 9.394 (BRASIL, 1996) pretende que o cidadão se forme na escola, tanto no aspecto cultural como no profissional. A educação da consciência religiosa é um direito do ser humano. O pressuposto é que os estudantes têm o direito de conhecer todas as dimensões da cultura, e, entre elas, encontra-se a possibilidade de discutir os problemas fundamentais da existência. É difícil chegar às opções de vida quando se pretende ignorar a religião que tem tanto a dizer, ou então quando se quer restringi-la a um ensino vago, inútil, por ser destituída da relação entre os modelos históricos, coerentes com a tradição e a cultura dos povos.

Como conhecimento previsto para a composição do currículo da Educação Básica brasileira, regulamentado pelo Conselho Nacional de Educação (CNE) e pela Câmara de Educação Básica (CEB) por meio da Resolução

17 "Semiologia" é uma designação dada por Ferdinad Saussurre (1857-1913), linguista suíço.

n. 7, de 14 de dezembro de 2010, na condição de área de conhecimento, o Ensino Religioso vêm adquirindo um "*status* acadêmico" em igualdade com os demais componentes curriculares. Por esse motivo, o Ensino Religioso, a partir da atual LDBEN, tem exigido uma discussão muito mais ampla sobre o "pluralismo religioso" – que sempre existiu, mas não era explicitado.

A pesquisadora Vera Maria Candau assume uma perspectiva intercultural que visa promover uma educação para o reconhecimento do "outro", para o diálogo entre os diferentes grupos sociais e culturais. A perspectiva intercultural de Candau (2008) "está orientada à construção de uma sociedade democrática, plural, humana, que articule políticas de igualdade com políticas de identidade".

A autora aponta que a educação intercultural é polissêmica, admitindo diferentes significados e aproximações. Por isso situa sua perspectiva intercultural no âmbito das posições multiculturais, classificando-a em três abordagens:

1. **Multiculturalismo assimilacionista:** essa abordagem parte da afirmação de uma inserção numa sociedade multicultural, na qual se favorece a integração de todos à cultura hegemônica. No caso da educação, há uma política de universalização da escolarização, mas não se questiona o caráter monocultural e homogeneizador presente nos currículos quanto às relações entre os diferentes atores, às estratégias utilizadas nas salas de aula, aos valores privilegiados etc.

2. **Multiculturalismo diferencialista:** é a abordagem de que, quando se enfatiza a assimilação, termina-se por negar a diferença ou silenciá-la. A ênfase está no reconhecimento das diferenças, e procura-se garantir espaços para que elas se manifestem. Para a pesquisadora, na prática, em muitas sociedades atuais terminou-se por favorecer a criação de verdadeiros *apartheids* socioculturais.

3. **Multiculturalismo aberto e interativo:** essa abordagem acentua a interculturalidade, por considerá-la mais adequada à construção de sociedades democráticas e inclusivas que articulem políticas de igualdade com políticas de identidade.

Candau destaca que as duas primeiras abordagens, especialmente a primeira, são as mais frequentes. Ainda, aponta que: "Algumas vezes convivem de maneira tensa e conflitiva. São elas que, em geral, são focalizadas nas polêmicas sobre a problemática multicultural" (CANDAU, 2008). Outro fator que a autora destaca é que não se deve "desvincular as questões da diferença e da desigualdade presentes hoje de modo particularmente conflitivo, tanto no plano mundial quanto de diferentes sociedades" (CANDAU, 2014, p. 29).

A questão de uma interculturalidade religiosa é uma realidade que deve ser construída a partir de diversas realidades e aspectos culturais. Os conteúdos são articulados a partir do cotidiano dos estudantes (o seu tempo e o seu espaço), integrados a um contexto mais amplo, escolhidos a partir da significatividade dos temas. É certo que a identidade do Ensino Religioso/Cultura Religiosa vincula-se à perspectiva do ensino da religião, mas a corrente de repropor esse componente como referência à formação básica do cidadão, reorientando-se para a discussão do pluralismo cultural da sociedade, indica a necessidade de reler a dinâmica sociorreligiosa para a compreensão da sociedade brasileira.

O modo de viver, sentir e pensar do ser humano urbano tem passado por profundas mudanças nos últimos tempos, chamadas de *mudanças socioculturais*. Outros valores passam a dar a tônica da organização social. Uma das contribuições do Ensino Religioso/Cultura Religiosa é favorecer a compreensão da riqueza cultural e religiosa brasileira, proporcionando a reflexão sobre a realidade em uma perspectiva de compreensão sobre si e o outro. No cotidiano, as situações oriundas de questões religiosas são confrontadas pelos estudantes e suas famílias, desde as regras de convivência até aspectos da organização social.

Para Jares (2008), conflito e convivência são duas realidades sociais inerentes a toda forma de vida em sociedade. Segundo o autor, apesar de a convivência ser potencialmente cruzada por relações de conflito, isso não a ameaça.

Teixeira (2012), em complemento, aponta os desafios fundamentais que se apresentam ao século XXI e destaca a acolhida da diversidade religiosa como um imperativo dialogal. Ele apresenta as diferenças religiosas como enigmas – misteriosos caminhos que levam os seres humanos a buscarem um novo entendimento de sua trajetória de vida. E eis alguns desafios derivantes do diálogo entre as religiões apontados pelo autor:

a. Não apagar as diferenças ou buscar um denominador comum, mas encontrar “semelhanças na diferença”.

b. Desenvolver atitude e vontade de assumir o “risco” de se envolver no solo sagrado da alteridade.

c. Conviver com a dinâmica plural e responder adequadamente às suas novas exigências de cognição.

d. Acolher a “dignidade da diferença”. A pluralidade de opções religiosas e espirituais não deve ser vista como um mal, ou simplesmente um dado conjuntural, fadado a encontrar o seu acabamento ou remate em uma pretensa ordem unitária. Há que resistir a essa “obsessão pela unidade” e saber celebrar com alegria a musicalidade de uma sinfonia que é sempre adiada.

e. Encarar a diferença entre as culturas não como um impedimento para o diálogo, mas como sua possibilidade. A reflexão antropológica nos faz recordar constantemente que os sistemas culturais não são entidades fechadas e rígidas, mas em contínuo processo de modificação. Marcar a identidade é marcar a diferença e a singularidade.

Observa-se, portanto, que a convivência implica o contato com a diversidade, sendo a escola um espaço onde essa interação pode acontecer de modo mediado pela aprendizagem de habilidades e competências que favoreçam o diálogo intercultural.

Clique do sagrado

Estabelecer a leitura do religioso no cotidiano é a proposta da atividade (*Clique do sagrado*). Realizada também em Portugal no "Projeto Neo-Simbologias Difusas: simbologia do sagrado em arte de rua", organizado por pesquisadores da Universidade Lusófona de Lisboa, essa atividade procura organizar um repertório de material recolhido na rua como expressões efêmeras de um grupo social.

A reflexão sobre o pluralismo cultural para reler a dinâmica sociorreligiosa é essencial para a compreensão da sociedade, por isso a atividade *Clique do sagrado* favorece o reconhecimento da contribuição das manifestações religiosas na constituição das culturas e sociedades.

Considerando que o desafio para o Ensino Religioso é encaminhar metodologicamente esse processo para promover simultaneamente a mediação entre a sociedade e a escola, a cultura e as aprendizagens socialmente significativas e a teoria e a prática, essa atividade colabora para promover a interculturalidade por meio do convívio com o diferente como fonte de aprendizagem. Entende-se que é pela ação do ser humano que se vislumbra o espaço da religião, as representações, as expressões e percepções do discurso religioso e do pensamento religioso, por isso é preciso ir além da compreensão intelectual e assumir que, nas palavras de Morin (2000, p. 94-95), "compreender inclui, necessariamente, um processo de empatia, de identificação e de projeção. Sempre intersubjetiva, a compreensão pede abertura, simpatia e generosidade".

No fazer pedagógico, a simples exposição de informações e valores permitirá o questionamento sobre a própria existência do ser humano, participante das intrincadas relações socioculturais. E a atividade *Clique do sagrado*, que consiste em fotografar, utilizando celular ou câmera fotográfica, uma cena do cotidiano ou espaço que remeta a uma expressão religiosa, propõe uma experiência desse processo.

O fazer pedagógico não se revela apenas nas intenções definidas em ementas ou currículos, mas particularmente no cotidiano escolar/universitário, para congregar os discursos científico, político, estético e religioso no mesmo campo cognitivo.

A prática em questão, *Clique do sagrado*[18], tem por objetivo sensibilizar o estudante de Ensino Religioso com relação ao sagrado e à sua espacialidade e dimensão cultural. Com a intencionalidade de sensibilizar os estudantes ao tema, além de captarem a imagem, orienta-se que insiram um comentário sobre o que a cena representa, qual a motivação para a foto ou algo relacionado a um dos textos de apoio.

Muito mais do que um conteúdo transmitido, o objetivo era levar os estudantes a perceberem a categoria *espaço sagrado* como conformação simbólica.

Assim, cada participante escolhia a imagem e o comentário que melhor representasse o conceito proposto. Essas imagens e comentários foram expostos em um *blog* público intitulado *Um clique do sagrado*, especialmente criado para esse fim, para que todos os estudantes envolvidos pudessem escolher a foto que mais apreciassem.

O uso da tecnologia nessa atividade também cumpre uma função relevante, pois, como afirma Puntel (2011, p. 157),

> a tecnologia digital possibilita ao usuário interagir, não apenas como objeto (máquina ou ferramenta), mas como conteúdo. E a relação (ou interação) homem-tecnologia tem evoluído a cada ano no sentido de uma relação mais ágil; é a época da comunicação planetária fortemente marcada por uma interação com informações, cujo ápice é a realidade virtual.

18 Resultados do *Clique do sagrado* já foram publicados nos *Anais do VIII Seminário Nacional – Religião e sociedade: o espaço do sagrado no século XXI*, Núcleo Paranaense de Pesquisa em Religião (Nupper), de novembro de 2015; e em comunicação no Fórum de Boas Práticas do UCPR, em 2015, e no relatório inicial de Pibic (2016/2017).

As fotos e os textos produzidos pelos estudantes revelaram uma atitude de abertura às diferentes manifestações religiosas ou à ausência dela.

A proposta colabora no sentido de sistematizar o conhecimento apresentando em sala de aula e, simultaneamente, sensibilizar para uma leitura social das manifestações religiosas integrando o cotidiano, as tecnologias educacionais e a experiência intercultural.

Um olhar sobre o sagrado do outro

A partir do exposto, faz-se necessário descrever as condições de aprendizagem para que o *Clique do sagrado* seja bem-sucedido. A primeira condição é que as experiências de aprendizagem se desenvolvam a partir de um novo olhar dos bens culturais e do próprio ser humano. Com relação aos bens materiais estão os monumentos, arquiteturas, fontes de arquivo, peças de museus, sítios arqueológicos, quadros autênticos etc.

Sobre esse olhar para o ser humano colabora a reflexão de Carniato (2005), que compara o ambiente escolar profundamente humanizado a um laboratório fotográfico. Para Carniato (2005, p. 43), o estudante "passa por um processo educativo de revelação da imagem humana que traz dentro de si", aspirando, por intuição e por necessidade, os valores humanos como

> o respeito, a escuta, a atenção personalizada, a valorização, o incentivo, o direito de expressar-se sem medo de críticas, o diálogo, franco sobre os erros e limites, a orientação nas dúvidas, o apoio confiante nas angústias e medos, a ternura, o amor, a capacidade de escutar e valorizar os demais, a admiração ao diferente [...] (CARNIATO, 2005, p. 43).

As tradições religiosas colaboraram no registro de patrimônios que passam a formar o patrimônio cultural das cidades, bem como do próprio ser humano.

A segunda condição de aprendizagem para a boa condução do *Clique do sagrado* é que esses bens culturais sejam objetos de observação e de uso para produzir informações. A cultura, segundo Miranda (2011, p. 1698), "fornece nossa identidade, plasma nossas estruturas mentais, configura nossa afetividade e nos capacita a interpretar a existência".

A terceira condição de aprendizagem é que as releituras sejam colocadas em relação com o contexto em que os estudantes estão inseridos. A escola como local da aprendizagem pode trabalhar as regras do espaço público democrático, buscando a superação de todo e qualquer tipo de discriminação e exclusão social, valorizando cada indivíduo e os grupos que compõem a sociedade brasileira, garantindo o exercício da cidadania e o direito da expressão religiosa.

A quarta condição é que se promova a tomada de consciência de que esse olhar para o sagrado é a minúscula parte de um conjunto muito mais amplo que permite o conhecimento do passado, do mundo e do outro. Para Penn (2003, p. 331), "teoricamente, o processo de análise nunca se exaure e, por conseguinte, nunca está completo", sendo sempre possível uma nova leitura ou um novo significado para se aplicar à imagem.

Pensar o outro disponível para uma nova interlocução criadora pode provocar uma ampliação do olhar e um enriquecimento próprio com novas possibilidades de um processo que não acontece sem disposições prévias (TEIXEIRA, 2012).

Nesse contexto, então, é proposto o exercício de não apenas registrar fotograficamente a leitura do religioso, mas educar para o "saber olhar" o ser humano em sua diversidade de manifestações. A partir desse processo, pretende-se que os estudantes aprendam a observar para identificar o objeto/função/significado, visando ao desenvolvimento da percepção visual e simbólica.

Com relação ao registro próprio e do outro, a consequência é a fixação do conhecimento percebido, com aprofundamento da observação e análise crítica. Dessa forma, favorece-se o desenvolvimento das capacidades de análise e julgamento crítico, interpretação das evidências e significados para, finalmente, alcançar a apropriação da autoexpressão, participação criativa e valorização do bem cultural.

Considerações finais

Pode-se afirmar que o *Clique do sagrado* contribui para o que se pode chamar de *letramento religioso*. Assim, permite uma leitura que vai além da superfície das coisas, acontecimentos, gestos, ritos, normas e formulações, para a compreensão da realidade de maneira profunda. Vale salientar que, por apresentar uma linguagem que o jovem domina, a atividade pode agradar os estudantes e favorecer a adesão à atividade.

A diversidade religiosa advinda da elaboração cultural sempre esteve presente na história da humanidade, como uma forma de questionar sobre o sentido da vida e da transcendência. Dentro dessa perspectiva, cada religião assume diferentes formas de acreditar, de celebrar, de rezar, de relacionar-se com outro e de simbolizar de modos diferentes as experiências religiosas vivenciadas pelo povo de cada cultura.

Outra consideração importante é a reflexão sobre a formação do professor, que tem um papel fundamental na conscientização da diversidade cultural e religiosa. As orientações educacionais do Brasil apontam que essa diversidade deve ser trabalhada pedagogicamente, com vistas a formar cidadãos multiculturalistas e superar a discriminação, o preconceito, a exclusão e a perseguição das religiões minoritárias presentes em nossa sociedade.

Quando o estudante é instigado a perceber o "outro", porque essa percepção já foi apropriada pelo professor, a escola torna-se espaço para o diálogo e a humanização das relações, educando para a liberdade e o respeito às diferenças culturais.

Dessa forma, o Ensino Religioso/Cultura Religiosa, ao assumir uma leitura no cenário local, colabora para fomentar o diálogo inter-religioso e a tolerância a toda e qualquer religião, formando cidadãos multiculturalistas.

REFERÊNCIAS

BAUER, M. W.; GASKELL, G. *Pesquisa qualitativa com texto, imagem e som.* Petrópolis: Vozes, 2003.

BRASIL. Conselho Nacional de Educação; Câmara de Educação Básica. Parecer n. 7, de 7 de abril de 2010. Fixa Diretrizes Curriculares Nacionais para o Ensino Fundamental de 9 (nove) anos. *Diário Oficial da União*, Brasília, DF, 15 dez. 2010. Disponível em: http://portal.mec.gov.br/dmdocuments/rceb007_10.pdf. Acesso em: 16 fev. 2024.

BRASIL. Lei n. 9.394, de 20 de dezembro de 1996. Estabelece as diretrizes e bases da educação nacional. *Diário Oficial da União*, Poder Legislativo, Brasília, DF, 23 dez. 1996. Disponível em: http://www.planalto.gov.br/ccivil_03/leis/L9394.htm. Acesso em: 25 jan. 2024.

CANDAU, V. M. Educação intercultural: entre afirmações e desafios. *In*: MOREIRA, A. F.; CANDAU, V. M. (org.). *Currículos, disciplinas escolares e culturas*. Petrópolis: Vozes, 2014.

CANDAU, V. M. Direitos humanos, educação e interculturalidade: as tensões entre igualdade e diferença. *Revista Brasileira de Educação*, v. 13, n. 37, abr. 2008. Disponível em: https://www.scielo.br/j/rbedu/a/5szsvwMvGSVPkGnWc67BjtC/. Acesso em: 17 fev. 2024.

CARNIATO, M. I. Paradigmas do Ensino Religioso. *In*: JUNQUEIRA, S. R. A.; OLIVEIRA, L. B. (org). *Ensino Religioso*: memórias e perspectivas. Curitiba: Champagnat, 2005.

JARES, X. R. *Pedagogia da convivência*. São Paulo: Palas Athena, 2008.

MORIN, E. *Os sete saberes necessários à educação do futuro*. São Paulo: Cortez, 2000.

MIRANDA, M. de F. O cristianismo entre o próximo e o distante no processo comunicativo. *In*: ALTEMEYER JUNIOR, F.; BOMBONATO, V. I. (org.). *Teologia e comunicação*: corpo e interfaces cibernéticas. São Paulo: Paulinas, 2011.

PENN, G. Análise semiótica de imagens paradas. *In:* BAUER, M. W; GASKELL, G. *Pesquisa qualitativa com texto, imagem e som.* Petrópolis: Vozes, 2003.

PEREIRA, C. J.; GIL FILHO, S. F. Geografia da religião e espaço sagrado: diferenças entre as noções de lócus material e conformação simbólica. *Ateliê Geográfico*, Goiânia, v. 6, n. 1, p. 35-50, abr. 2012.

PUNTEL, J. T. Comunicação virtual: ciberespaço – interculturalidade e telerreligiões. *In*: ALTEMEYER JUNIOR, F.; BOMBONATO, V. I. (org.). *Teologia e comunicação*: corpo e interfaces cibernéticas. São Paulo: Paulinas, 2011.

RODRIGUES, E. M. F.; JUNQUEIRA, S. R. A.; MARTINS FILHO, L. J. *Perspectivas pedagógicas do Ensino Religioso*: formação inicial para um profissional do Ensino Religioso. Florianópolis: Insular. 2015.

TEIXEIRA, F. O imprescindível desafio da diferença religiosa. *Revista Interdisciplinar da Mobilidade Humana*, Brasília, ano XX, n. 38, p. 181-194, jan./jun. 2012. Disponível em: https://www.scielo.br/j/remhu/a/Qn7vLzkzCVDJ3j85vPMRKFw/?format=pdf&lang=pt. Acesso em: 17 fev. 2024.

TORQUATO, R. A. A linguagem audiovisual no desenvolvimento da educação cristã: algumas reflexões. teologia e espiritualidade. *Revista eletrônica do curso de Teologia da Faculdade Cristã de Curitiba*, n. 6, maio 2016.

Parte II

Roteiros de atividades

Há roteiros que propõem atividades com uso de recursos digitais, como o acesso à internet durante as aulas que envolvam a cultura religiosa. Sempre que esses recursos não estiverem à disposição da realidade, sugere-se preparar sínteses, materiais impressos ou recorrer a outras metodologias para adaptá-los.

Memória e símbolos

Welder Lancieri Marchini[19]

O ser humano é um ser de memórias. Resgatá-las significa, por vezes, resgatar a história das pessoas ou de grupos. Tanto as memórias individuais quanto as memórias coletivas podem apresentar elementos religiosos. Sendo assim, a religião é um elemento facilmente identificado nos relatos históricos e nas experiências vividas pelo ser humano.

A memória não se resume ao seu aspecto cognitivo, ela é também fruto das experiências afetivas e simbólicas. O ser humano tem memórias mais evidentes dos momentos ou experiências que lhe são significativas. Tais memórias são por vezes simbólicas, pois transcendem o fato vivido ou a cronologia. A memória é constituída por experiências, sejam elas de afeto, sejam elas de sofrimento.

19 Doutor e mestre em Ciência da Religião (PUC-SP), doutor em Teologia (PUC-RIO). Bacharel em Filosofia (PUC-Campinas), graduando em Pedagogia pela Universidade São Francisco (USF). É professor nos cursos de especialização em Ciência da Religião (PUC-SP) e Religião e Cultura do Centro Universitário Assunção (UniFAI), no curso de graduação em Filosofia da Faculdade João Paulo II (Fajopa). Trabalha como editor teológico da Editora Vozes.

ROTEIRO

Título/tema	Memórias e símbolos
Unidade temática	Identidades e alteridades.
Objeto de conhecimento	Memória e símbolos.
Objetivo(s) de aprendizagem	• Compreender a importância da memória na evolução e na identidade de um povo, na cultura e na tradição religiosa. • Reconhecer os elementos que compõem a identidade de um sujeito ou grupo. • Reconhecer a importância dos mitos, dos ritos, dos símbolos e dos espaços religiosos na estruturação das diferentes crenças, tradições e movimentos religiosos. • Estabelecer a relação entre memória, identidade e alteridade. • Identificar a função da tradição escrita na preservação de memórias, acontecimentos e ensinamentos religiosos.
Previsão de horas/ aula(s)	Oito horas/aulas.
Recursos	• Equipamento audiovisual com acesso à internet. • Imagens do incêndio ocorrido no Museu Nacional, no Rio de Janeiro, em 2 de setembro de 2018. • Imagem do crânio de Luzia, fóssil humano mais antigo encontrado no Brasil. • Preparar *links* de acesso ao acervo do Museu Nacional para realizar uma pesquisa rápida na internet com os estudantes – sugestões de quais obras pesquisar estão indicadas no roteiro. • Providenciar aos estudantes o acesso a dados para uma pesquisa em grupos sobre símbolos, memórias e tradições religiosas – ou orientar para que a pesquisa seja realizada em casa. • Providenciar papel kraft e recursos para o mural didático coletivo. • Organizar uma visita com os estudantes a um templo ou espaço religioso, na intenção de perceberem as memórias que estão impressas na arquitetura religiosa. • Escolher um mito cosmogônico para ser trabalhado com os estudantes – sugestões no roteiro. • Filme "Narradores de Javé", dirigido por Eliane Caffé (2004). • Uma folha de papel A3 (ou duas a três folhas A4 coladas na horizontal) para cada estudante produzir sua linha do tempo – no roteiro, sugere-se, também, realizar essa atividade virtualmente por meio da ferramenta Padlet. • Folha de papel A4 para cada estudante ou acesso a plataformas digitais que permitam construir mapas mentais.

OBSERVAÇÃO

Atividade mobilizadora

As notícias e a história de um povo

Comente que é muito ruim quando alguém perde a memória, seja por causa da idade avançada, seja por causa de um acidente que envolve danos cerebrais. É igualmente ruim quando uma cultura perde sua memória. É a memória coletiva que possibilita o sentimento de pertença a uma sociedade ou grupo. Mencione que no dia 2 de setembro de 2018 aconteceu um trágico incêndio no Museu Nacional, localizado na cidade do Rio de Janeiro. Aproximadamente 20 milhões de itens foram destruídos.

Explore que dentre os itens estava o crânio de Luzia, fóssil humano mais antigo encontrado no Brasil. Apresente uma imagem do referido crânio. Cabe apontar aos estudantes que o Museu Nacional divulgou em 19 de outubro de 2018 que 80% do crânio foi encontrado, mas fragmentado.

Ao mencionar o fóssil de Luzia, é significativo fazer memória de ter sido encontrado na década de 1970, em Minas Gerais. Esse fóssil foi datado como sendo de mais de 11 mil anos atrás, e tal achado é motivo de mudança na teoria da povoação do continente americano. Isso porque, segundo o que o antropólogo brasileiro Walter Neves afirmou em 1988, com base em seus estudos sobre o crânio, Luzia sinaliza a possibilidade de comprovar a teoria de que a colonização americana teria começado a partir de seres humanos vindos da África e da Austrália.[20]

20 PIVETTA, M.; ZORZETTO, R. Walter Neves: o pai de Luzia. *Revista Pesquisa FAPESP*, São Paulo, n. 195, p. 26-31, maio 2012. Disponível em: https://revistapesquisa.fapesp.br/walter-neves-o-pai-de-luzia/. Acesso em: 27 fev. 2024.

Destaque o fato de Luzia ser uma espécie de tesouro de grande valor para a história humana, dada a sua representatividade para as pesquisas sobre o povoamento das Américas. Assim como esse fóssil, há outros achados que compõem a história e a memória de pessoas, civilizações, culturas e tradições religiosas.

É expressivo mostrar imagens do incêndio ocorrido no Museu Nacional e realizar com os estudantes uma pesquisa rápida na internet para reunir dados de outras peças do acervo, por exemplo:

- Documentação indígena e peças relacionadas aos Orixás.
- Caixão de Sha-Amun-en-su, presente dado em 1876 a D. Pedro II, em visita ao Egito.
- Peças da coleção de arqueologia clássica, que reúne as civilizações grega, romana e etrusca.
- Artefatos da cultura indígena, com objetos raros do povo Tikuna, e afro-brasileira.
- Trono do rei africano Adandozan (1718-1818), doado para Dom João VI em 1811 como uma tentativa de melhorar as relações diplomáticas entre o reino de Dahomé e o reino de Portugal e Brasil. Aproveite para mencionar que esse reino é a terra do povo Jeje. Destaque que a Nã Agontimé, rainha de Dahomé, foi quem fundou no Brasil a Casa das Minas, considerada o mais antigo centro religioso de origem africana no estado do Maranhão, responsável pela divulgação da cultura Jeje em nossas terras.

IDENTIFICAÇÃO E ANÁLISE

Converse com os estudantes sobre objetos presentes em sua cidade que representam a sua tradição religiosa ou a de alguém que conheçam, destacando serem objetos que compõem a memória das pessoas. Explore o fato de os objetos tornarem-se símbolos que comunicam memórias e contam histórias. Isso acontece porque cada símbolo revela um acontecimento originário, ou seja, um acontecimento que deu origem ao entendimento daquele símbolo.

Ressalte o fato de que as religiões também têm símbolos que contam histórias, ou seja, que revelam memórias religiosas. Exemplifique dizendo que a cruz cristã aponta para a Morte e a Ressurreição de Jesus, e o Om do hinduísmo vem do som realizado no início ou final de uma oração ou meditação. Mencione que esse som é considerado sagrado para a tradição pelos seguintes motivos: está associado ao silêncio de se encontrar com a divindade e à felicidade; além de ser por meio dele que os deuses Brahma, Vishnu e Shiva criaram o mundo.

Proponha aos estudantes resgatarem as histórias (memórias) que sustentam os símbolos religiosos organizando um mural didático. Para isso, sugere-se dividi-los em equipes para realizarem uma pesquisa sobre símbolos, memórias e tradições religiosas. Cada equipe pode ser responsável por uma tradição religiosa. Providencie papel kraft e recursos para o mural e oriente-os sobre os critérios para a montagem coletiva dele. Esses critérios podem ser:

- *Layout*: divisão do espaço, considerando a alocação de imagens e de textos por tradição religiosa.
- Legendas das imagens.
- Exposição realizada de maneira verbal e escrita pelos grupos.
- Título escolhido para o trabalho.
- Dois a três parágrafos escritos coletivamente sobre a motivação da produção do mural, sua relação com os símbolos e a importância deles como elementos que configuram histórias, memórias e crenças de um grupo.
- Frases conclusivas, produzidas coletivamente, sobre a importância de compreender o símbolo que faz parte da história de uma pessoa, de um grupo, de um povo, para respeitá-lo.

IMPORTANTE

Oriente a realização da pesquisa na escola ou em casa, conforme a realidade. Caso proponha na escola, é importante oferecer recursos e fontes de dados aos estudantes.

DICA

Se possível, organize a exposição do mural didático em lugar visível da escola.

Visita a um templo

Se na cidade houver templos de diferentes tradições religiosas, organize uma visita com os estudantes na intenção de perceber as memórias que estão impressas na arquitetura religiosa. Pode ser um templo cristão, budista, islâmico, um terreiro afro-brasileiro ou outro de acordo com a realidade. Pode ser interessante solicitar que o líder religioso responsável pelo templo disponibilize alguém que conte a história do lugar e explique os elementos que o compõem. É importante que no templo haja elementos simbólicos, pois a memória de uma religião pode ser contada por meio deles.

Oriente a visita e a forma de registro que os estudantes devem realizar. Para um melhor aproveitamento da visita, instrua-os com relação aos costumes da religião que administra o templo ou às intencionalidades pedagógicas da experiência. Para isso, convém considerar:

- **Antes da visita**: realizar com eles uma roda de conversa sobre as características principais da tradição religiosa à qual o templo pertence.
- **Durante a visita**: investigar símbolos, objetos, obras e textos sagrados, além de aspectos essenciais dos comentários realizados por quem estiver acompanhando a visita. Dentre as possibilidades, os registros podem ser feitos em forma de fotografias, desde que previamente permitidas pelo líder religioso responsável. As fotografias podem registrar memórias simbólicas da referida religião.
- **Ao concluir a visita**, sugere-se:
    - Dialogar com os estudantes questionando: “Se você fosse o líder religioso desse templo e/ou a pessoa que está acompanhando o grupo de visitantes, qual objeto, obra, texto ou vivência da tradição religiosa destacaria a quem quer conhecê-la melhor? Por quê?

- Pedir, depois, que cada estudante escolha a fotografia que mais chamou atenção. Ela pode ser postada em um mural digital utilizando o PowerPoint, em um vídeo produzido no próprio smartphone ou ainda em uma página da internet utilizando o Padlet.

- **Posterior à visita:** é importante conversar sobre a experiência rememorando o que foi visto, comentado.

A visita ao templo também pode acontecer pela internet. Há templos espalhados por vários lugares do mundo onde a visita virtual é possível. Essa alternativa também é útil para complementar uma visita presencial, estabelecendo semelhanças e diferenças entre as informações coletadas. A seguir, sugerem-se *links* de acesso a diferentes templos:

- Templo Konark Sun, Nova Delhi, Índia: https://artsandculture.google.com/partner/archaeological-survey-of-india
- Hampi, Nova Delhi, Índia: https://artsandculture.google.com/story/YAWBDb4tRZf9IA
- Templo de Hagar Qim, Il-Qrendi, Malta: https://artsandculture.google.com/partner/the-hagar-qim-archaeological-park
- Borobudur, Indonésia: https://artsandculture.google.com/partner/pt-taman-wisata-candi-borobudur-prambanan-dan-ratu-boko
- Catedral de Milão, Itália: https://artsandculture.google.com/story/milan-cathedral/tAJSPKRESqY8IQ
- Catedral de Santiago de Compostela, Espanha: https://artsandculture.google.com/partner/cathedral-of-santiago-de-compostela
- Templo Kiyomizu-dera, Japão: https://artsandculture.google.com/entity/kiyomizu-dera/m02yn3g

A experiência de visitar um templo presencial ou virtualmente pode contribuir para estabelecer as relações entre passado e presente, ou seja, o que permanece como vital para as tradições religiosas, fortalecendo as suas crenças em memórias e símbolos que remetem a fatos ou pessoas.

A memória originária

Escolha um mito cosmogônico para ser trabalhado com os estudantes. Busque, com eles, identificar os elementos simbólicos presentes no texto. As religiões voltam à sua origem sempre que há a necessidade de se resgatar o sentido que atribuem à vida, à existência ou mesmo ao Universo. Nesse sentido, as narrativas míticas se constituem como elementos literários que se ocupam, sobretudo, do sentido que tem tudo aquilo que existe. Os mitos de criação são chamados de *cosmogonias*, quando falam da criação do mundo e dos elementos que o compõem, ou *teogonias*, quando falam da criação das divindades. São os mitos que garantem às tradições uma visão a respeito dos mistérios da vida e do sentido dela, explicando simbolicamente o que é importante e significativo para uma cultura, povo e/ou tradição religiosa.

Dentre os mitos que poderão ser trabalhados, sugerem-se:

- Judaísmo e cristianismo: Mito da criação.
- Indígena: Mito dos carajás.
- Hinduísmo: Mito de origem do Rio Ganges.
- Mito grego de Perséfone, para explicar as estações do ano.
- Mito egípcio da fênix, para explorar a esperança.

Memória religiosa coletiva e individual

Organize os estudantes em grupos e solicite que façam duas listas: a primeira, individual, relacionando quais são os acontecimentos que fazem parte de sua memória pessoal; a segunda, com toda a turma, relacionando acontecimentos que para fazem parte da memória coletiva em âmbito cultural, esportivo, social, político e religioso.

Após fazerem as listas, converse sobre as memórias elencadas e observe se apareceu alguma relacionada à religião. Se sim, teça os seus comentários.

Explore junto aos estudantes ser comum que a história de um determinado povo tenha elementos religiosos. Para identificá-los, peça que relacionem os elementos religiosos que fazem parte da memória coletiva na qual estão inseridos: nomes de cidades, bairros e ruas; festas de padroeiros; símbolos e elementos religiosos que são incorporados em nossa cultura, como festas que fazem parte de nosso calendário, entre outros.

Após ouvir os estudantes, mencione que a nossa realidade configura uma paisagem na qual se interconectam o mito, a religião e os símbolos que caracterizamos como elementos do sagrado. Apresente como exemplo o fato de que é possível identificar em cada templo elementos específicos e próprios da tradição religiosa à qual pertence, que remetem ao que para ela é sagrado. Nos templos, cada pessoa ou grupo realiza a experiência de compartilhar as suas crenças, os seus valores, que caracterizam o ser religioso. Nesses espaços, as percepções e as memórias experienciadas contribuem para que as pessoas reafirmem a sua identidade e, ainda, compreendam a importância do respeito e da capacidade de exercitar a alteridade, ou seja, de reconhecer o outro em suas diferenças, dotado de vivências e memórias que lhe conferem uma identidade própria, interconectada com sua cultura e suas crenças.

SUGESTÃO

Para enriquecer a reflexão, sugere-se o vídeo "Patrimônio, identidade e memória", produzido pelo professor Pedro Ivo, como um recurso complementar que contribui com esse estudo – é possível ao professor assisti-lo tanto para construir suas argumentações quanto para exibi-lo aos estudantes.

VÍDEO

PATRIMÔNIO, identidade e memória | Viagens de Clio por Pedro Ivo. 1 vídeo (8 min.), 2017. Publicado pelo canal Viagens de Clio.

APROPRIAÇÃO E RESSIGNIFICAÇÃO

Converse com os estudantes sobre o fato de o elemento religioso tanto fazer parte de uma experiência de um grupo, comunidade, quanto da vida do indivíduo. Trace com os estudantes exemplos de experiências de pessoas e/ou líderes religiosos que retratam essa realidade, dentre elas, Jesus, Moisés, Buda e outros.

Mencione que as memórias religiosas são compostas de mitos, ritos de iniciação e passagem, práticas religiosas e simbologias que podem ser assimilados pelas pessoas segundo o sentido e o significado a elas atribuídos. Esclareça que as memórias religiosas configuram a identidade religiosa de um grupo, e ainda influenciam a construção de compreensões de mundo, visto que aquilo que é vivido no ambiente religioso tem uma estreita conexão com as demais vivências dos indivíduos em seu cotidiano.

Para ilustrar a dinâmica entre as memórias individuais e coletivas, apresente aos estudantes o filme "Narradores de Javé", dirigido por Eliane Caffé (2004). O enredo aborda a situação dos moradores de um povoado fictício, Javé, que precisam deixar o lugar por conta da construção de uma usina hidrelétrica. Para mudar a situação do povo que vivia em Javé, o lugar se torna um patrimônio histórico que precisa ser preservado. O filme retrata a memória dos moradores que, com suas diversas percepções, lutam para preservar o que é material (casa, igreja...) e imaterial (cultura, imaginação do povo, vínculos entre as pessoas e o lugar, a dimensão do que lhe é sagrado – rezar por seus mortos no cemitério, por exemplo –, entre outros).

A partir do filme, explore a importância da oralidade e como ela pode se transformar em registro escrito – fato que ocorreu com as tradições religiosas no decorrer do tempo, embora algumas ainda se configurem pela oralidade. Explore o simbolismo do sino tratado como sagrado. O enredo possibilita perceber a construção da identidade de uma coletividade composta por aquilo que constitui a identidade pessoal. Com esse filme, pode-se explorar os locais de compartilhamento das memórias individuais e coletivas, onde as experiências culturais e religiosas atribuem significados às diferentes esferas da vida.

Proponha a produção de uma linha do tempo. Oriente que, individualmente, elaborem sua própria linha do tempo na vertical, registrando:

- **Do lado direito**: fatos importantes, como o nascimento, a entrada na escola e outros que sejam significativos em sua vida.
- **Do lado esquerdo**: vivências ou fatos associados a elementos religiosos. Nesse lado da linha, a memória pode contemplar acontecimentos relacionados ao próprio estudante ou a pessoas de sua convivência, caso não tenha nenhuma pertença religiosa.

Para a confecção da linha do tempo, sugerem-se as possibilidades:

- Confeccioná-la em papel ou cartolina. O formato mais indicado é que utilize uma folha A3 (ou duas a três folhas A4 coladas na horizontal).
- A linha do tempo também pode ser elaborada virtualmente. Nesse caso, a sugestão é que se crie uma página usando a ferramenta digital Padlet na qual cada estudante elabore a sua linha do tempo. É necessário login, mas há a versão gratuita. É importante que os estudantes visualizem o trabalho realizado pelos colegas.

Após a elaboração, reserve espaço para que os estudantes compartilhem a sua produção, identifiquem as semelhanças e diferenças, bem como explorem os elementos que confirmam a relação entre memórias, identidades e religião como algo presente na dinâmica pessoal e social. Se oportuno, os estudantes podem identificar se há momentos comuns nas várias linhas do tempo, uma vez que compartilham experiências que se interligam e se entrecruzam – destaque que as pessoas fazem parte das vidas umas das outras, sendo importante o respeito e acolhimento às diversas identidades.

ATIVIDADE AVALIATIVA

Proponha aos estudantes que elaborem um esquema contemplando os seguintes aspectos:

- Relação entre memória e cultura.
- Elementos que caracterizam as memórias.
- Relação entre memória e religião.
- Relação entre identidades individuais e coletivas.
- Relação entre identidade, cultura e alteridade, destacando como esses elementos são percebidos pelas tradições religiosas.

Sugere-se que esse esquema seja elaborado em folha de papel A4 ou virtualmente, em formato de mapa mental. Ainda, pode-se dividir os estudantes em grupos e promover um momento para a apresentação dos resultados.

As máscaras e as manifestações culturais e religiosas

Valeska Freman B. Freitas Silveira[21]

As máscaras são importantes expressões de manifestação artística utilizadas por povos de diferentes culturas e tradições religiosas que delas se apropriam para exporem suas crenças, valores e modo de ver a vida. A importância das máscaras, como afirma Joseph Campbell[22], destaca-se a partir da relação entre os valores míticos, da comunidade, dentro da lógica de um mundo que se torna mágico pela arte, saindo de um universo secular para um lugar onde, por meio da criatividade, tudo é possível. Nesse universo mágico, a pessoa que usa a máscara em um ritual pode estar representando Deus, deuses, transcendendo dessa forma sua própria identidade para assumir a identidade do Outro. Portanto, estudar e analisar as máscaras a partir dos mitos e ritos elaborados pela comunidade é assumir a importância de se conhecer a identidade cultural e religiosa de um povo.

Ao explorar aspectos das *Manifestações religiosas* junto aos estudantes, torna-se possível desenvolver o entendimento, o respeito e a valorização de distintas expressões e experiências religiosas que fazem parte de suas vidas e se revelam no espaço da sala de aula, assim como aquelas que fazem parte da cultura brasileira e do mundo. O

21 Doutora e mestra em Ciências da Religião pela Pontifícia Universidade Católica de São Paulo (PUC-SP); bacharela e licenciada em História (PUC-SP). Professora de Ensino Religioso no Ensino Fundamental II e Ensino Médio. Conferencista e professora de curso de Especialização em Ciências da Religião da Controladoria Geral de Especialização (Cogeae – PUC-SP). Autora de coleção de livros didáticos do Ensino Religioso. Foi membro do Grupo de Estudos de Religião e Gênero no Brasil.

22 CAMPBELL, J. *As máscaras de Deus*: mitologia primitiva. São Paulo: Palas Athena, 2010.

conhecimento acerca dessas manifestações possibilita promover aos estudantes o entendimento, o respeito e a valorização de cada religião, de modo a tornar compreensíveis as motivações de práticas, ritos e relações que são estabelecidas com as denominações religiosas em diversos âmbitos sociais.

A seguir, indicamos algumas referências que podem favorecer o trabalho pedagógico.

REFERÊNCIAS

CAMPBELL, J. *As máscaras de Deus*: mitologia primitiva. São Paulo: Palas Athena, 2010.

LEAL, F. A importância das máscaras africanas na espiritualidade, arte e política. *Africanidade*: blog do Grupo de Pesquisa em Ciências Sociais Africanas da USP, 22 nov. 2013. Disponível em: https://grupoafricanidade.wordpress.com/2013/11/22/a-importancia-das-mascaras-africanas-na-espiritualidade-arte-e-politica/. Acesso em: 17 fev. 2024.

ROTEIRO 01

Título/tema	As máscaras e as manifestações culturais e religiosas
Unidade temática	Manifestações religiosas.
Objeto(s) de conhecimento	• Manifestações culturais e religiosas. • Representações religiosas na arte – estética. • Indumentárias nas festas e rituais religiosos. • Práticas celebrativas e símbolos.
Objetivo(s) de aprendizagem	• Compreender as máscaras enquanto importante manifestação artística para um povo, uma etnia, um grupo. • Analisar algumas manifestações religiosas e identificar o papel da arte como possibilidade de representação das crenças, dos valores e das visões de mundo de um povo. • Relacionar tanto a estética das máscaras quanto o ritual em que estão inseridas com a história dos povos, com os valores e os conhecimentos transmitidos pelos seus antepassados.
Previsão de horas/aula(s)	Quatro horas/aulas.
Recursos	• Equipamento audiovisual com acesso à internet. • Vídeo da reportagem "Divina festa", veiculada pela TV Brasil (2018) – disponível na internet. • Imagens de elementos simbólicos que compõem a Festa do Divino, como o pombo no mastro e a bandeira de cor vermelha, para mostrar aos estudantes. • Acesso dos estudantes a uma ferramenta digital, como PowerPoint ou Padlet, para organizarem dados de pesquisa. • Recursos para a construção do painel impresso ou digital, conforme proposto na atividade avaliativa.

OBSERVAÇÃO

Atividade mobilizadora

Festas e religião

Para começar o trabalho sobre a importância das máscaras nas manifestações religiosas em diferentes culturas, convide os estudantes a assistirem a uma reportagem sobre uma festa religiosa em que são utilizadas máscaras durante as apresentações e os rituais. Dentre as diversas possibilidades, sugere-se explorar a tradicional Festa do Divino que acontece na cidade de Pirenópolis, situada no interior de Goiás. Para isso, apresente o vídeo da reportagem "Divina festa", veiculada pela TV Brasil (2018).

VÍDEO

TV BRASIL. *Divina festa*: conheça a origem da Festa do Divino e a dedicação dos fiéis à tradição. 1 vídeo (54:50 min.), 13 jun. 2018.

SUGESTÃO

Assista ao vídeo e selecione os excertos que deseja transmitir aos estudantes, caso não seja possível assisti-lo com eles por inteiro.

Após assistirem ao vídeo, converse com os estudantes sobre o que é possível identificar nele: as atividades, os símbolos, os ritos, as indumentárias e acessórios, os diferentes personagens e suas funções, entre outros elementos que representam o patrimônio material e imaterial da cidade. Evidencie no diálogo os momentos nos quais esses elementos se apresentam na Festa do Divino, indicando a importância da sequência dos acontecimentos sempre que necessário. Explore qual é a tradição religiosa que está associada a essa festa, enfatizando a relação entre a história da cavalhada na Idade Média e o conteúdo religioso da

Festa do Divino, bem como a importância dessa manifestação religiosa para a população local.

Peça que, reunidos em pequenos grupos, os estudantes registrem, cada um no próprio caderno, informações sobre os aspectos que para eles se destacaram no decorrer da manifestação religiosa. Oriente-os nessa atividade a observarem também as curiosidades que podem ter atraído a atenção do grupo. Dentre os aspectos a serem indicados, sugere-se solicitar que identifiquem:

- Expressões de manifestações religiosas e artísticas.
- Expressões da tradição histórica e cultural.
- Ritos que apontem para as relações entre as crenças e a cultura.
- Na Festa do Divino, momentos em que estejam presentes elementos que representam o patrimônio material e o imaterial.
- A diversidade de manifestações religiosas evidenciadas em palavras, gestos, símbolos e diferentes expressões artísticas que compõem essa festa.

SUGESTÃO

Além do vídeo, pode-se disponibilizar aos estudantes a reportagem da jornalista Samantha Souza, do *Jornal Diário do Estado* (2022), intitulada "Pirenópolis retoma Cavalhadas e Festa do Divino nesta quarta-feira, 25". Com acesso à reportagem digital ou impressa, os estudantes poderão completar as informações propostas e ampliar seu repertório.

Oriente a socialização dos registros pessoais e incentive o compartilhamento dos pequenos grupos sobre suas descobertas a respeito da Festa do Divino. Peça, depois, que elaborem coletivamente um relatório da turma no qual sintetizarão todas as informações.

IDENTIFICAÇÃO E ANÁLISE

Explore com os estudantes que algumas manifestações são características de determinadas localidades que buscam preservá-las, mesmo quando precisam adaptá-las às mudanças socioculturais.

Mencione que a Festa do Divino é uma das festividades mais antigas da tradição cristã católica, cuja origem está associada à celebração do Dia de Pentecostes, realizada cinquenta dias após o domingo de Páscoa. Trata-se de uma data em que se recorda a manifestação do Espírito Santo prometido por Jesus, para os apóstolos e Maria, a sua mãe. Esclareça que após sua Ressurreição, Jesus ainda permaneceu orientando e ensinando os seus discípulos que, durante sete dias antes da data que marca Pentecostes, teriam ficado reunidos no cenáculo até que nesse dia o Espírito Santo desceu sobre eles.

Explore os elementos simbólicos que compõem a festa, como o pombo no mastro, simbolizando o Espírito Santo, e a bandeira de cor vermelha, associada ao fogo e à manifestação do Espírito Santo aos discípulos.

Atividade de pesquisa

Proponha aos estudantes se organizarem em grupos, dividindo entre eles os seguintes assuntos a serem pesquisados:

- **Grupo 1 –** As causas dos conflitos dos cristãos e dos mouros durante a Idade Média.
- **Grupo 2 –** A origem religiosa da Festa do Divino Espírito Santo e como chegou ao Brasil.
- **Grupo 3 –** A relação dos conflitos entre os mouros na Idade Média com a Festa do Divino em Pirenópolis.
- **Grupo 4 –** Como são confeccionadas as máscaras e outros adereços utilizados durante a festa, bem como o que significam.

Oriente que selecionem imagens relacionadas às suas pesquisas e organizem o resultado utilizando uma ferramenta digital, como PowerPoint ou Padlet, para compartilhar com os colegas. Os estudantes deverão, ao apresentar suas pesquisas sobre a Festa do Divino em Pirenópolis, dar ênfase aos aspectos da cultura material e imaterial presentes na festa, à relação entre memória e tradição nas expressões artísticas religiosas e à importância das máscaras como representação da identidade religiosa e cultural de um povo, de uma comunidade.

Após as apresentações, destaque:

- A simbologia das cores utilizadas.
- O significado dos ornamentos, adereços e indumentárias.
- As representações dos personagens, suas funções sociais e religiosas.
- Os dados históricos retratados.

SUGESTÃO

Para contribuir com a argumentação, sugere-se ao professor a leitura do texto "Batalha entre mouros e cristãos", de Cezar Feliz, publicado na *Revista Sagarana* (2020).

APROPRIAÇÃO E RESSIGNIFICAÇÃO

Mencione as diversas formas de arte relacionadas a manifestações religiosas que se fazem presentes na história e retratam comportamentos associados às crenças do ser humano. Ressalte que as pesquisas arqueológicas vêm ao longo das décadas mostrando as evidências das manifestações culturais e religiosas, podendo ser reconhecidas desde a Pré-História.

Comente as diversas formas de arte relacionadas às divindades. Para aprofundar a reflexão, sugere-se apresentar informações sobre os registros arqueológicos da Gruta de Altamira (Espanha) e da Gruta de Addaura (Palermo) para, a partir deles, destacar a ritualidade da dança, as figuras que sugerem homens com máscaras e os sinais do Boi/Touro, mesmo que sobre isso não se possa afirmar a que se referem tais desenhos e/ou manifestações.

SUGESTÃO

Para essa reflexão, o professor poderá realizar algumas abordagens apoiando suas argumentações a partir do artigo "A máscara de Boi e os mascarados: Pirenópolis e o carnaval em Pentecostes", de Maria Cristina de Freitas Bonetti, publicado na *Revista de Teoria da História* (2017), da Universidade Federal de Goiás.

ATIVIDADE AVALIATIVA

Solicite aos estudantes a construção de um painel com imagens, frases e símbolos relacionados à Festa do Divino, incluindo boxes com informações sobre o que se comemora e a função das máscaras utilizadas na festa. Distribua recursos para a construção do painel ou ofereça instruções para sua elaboração em versão digital.

DICA

Se considerar relevante, pode-se propor aos estudantes que, ao lado do painel, deixem reservado um espaço para fazerem uma lista de quais povos e tradições religiosas que utilizam máscaras em suas festas e rituais gostariam de estudar.

IMPORTANTE

Reserve o painel para ser utilizado na atividade avaliativa do próximo roteiro.

ROTEIRO 02

Título/tema	As máscaras e as manifestações culturais e religiosas.
Unidade temática	Manifestações religiosas.
Objeto(s) de conhecimento	• Manifestações culturais e religiosas. • Representações religiosas na arte – estética. • Indumentárias nas festas e rituais religiosos. • Práticas celebrativas e símbolos.
Objetivo(s) de aprendizagem	• Compreender as máscaras enquanto importante manifestação artística para um povo, uma etnia ou um grupo poder expressar suas crenças, valores e visões de mundo. • Identificar as características das máscaras africanas e sua função ritual em diferentes etnias africanas. • Pesquisar os aspectos históricos e religiosos das festas e rituais religiosos das comunidades, levando em conta uma análise sistematizada das máscaras confeccionadas, de modo a delinearem a identidade religiosa dessa comunidade. • Identificar os rituais religiosos em que as máscaras são utilizadas por grande parte dos povos e tradições religiosas, tais como: rituais de iniciação e de passagem, celebração de dias sagrados para a comunidade como: dias de santos e de Orixás, bem como dias de fazer memória da história religiosa, política social da comunidade, oferendas às divindades, entre outros eventos de especial importância para essas sociedades. • Confeccionar máscaras semelhantes às dos povos indígenas ou africanos, a partir dos conteúdos desenvolvidos nas atividades de análises, pesquisas, produções de vídeo, estudos dos textos e debates sobre elas. • Pesquisar os aspectos históricos e religiosos de festas e rituais religiosos das comunidades estudadas a partir da análise sistematizada das máscaras confeccionadas e apresentadas, de modo a delinearem a identidade religiosa dessa comunidade. • Identificar, ao analisar as máscaras, as diversidades simbólicas e estéticas presentes nos diferentes grupos e na natureza dos materiais. • Conhecer a influência das máscaras africanas no movimento artístico cubista.
Previsão de horas/aula(s)	Oito horas/aulas.

Recursos	• Pesquisar imagens de máscaras africanas e indígenas, produzidas em diversos materiais, bem como reunir informações sobre os seus significados e uso em rituais. • Disponibilizar a cada grupo de pesquisa uma coletânea impressa ou virtual de imagens variadas e misturadas de máscaras de etnias africanas e indígenas. • Selecionar imagens e vídeos para ilustrar a apresentação sobre o povo Dogon, que vive na região do planalto central de Mali, na África Ocidental – sugestões de abordagens no roteiro. • Preparar instruções, segundo a realidade, para que os estudantes produzam um vídeo com duração entre 3 a 5 minutos na atividade de pesquisa sugerida no roteiro. • Providenciar um projeto interdisciplinar com o componente Arte e elaborar um roteiro junto aos professores desse componente referentes à confecção de máscaras e à montagem de uma exposição, conforme sugestões do roteiro. • Painel iniciado no roteiro anterior para a atividade avaliativa.

OBSERVAÇÃO

Atividade mobilizadora

Investigar e explorar

Realize uma pesquisa de imagens de máscaras africanas e indígenas, produzidas em diversos materiais, bem como reúna informações sobre os seus significados e uso em rituais.

Organize os estudantes em grupos. Disponibilize a cada grupo uma coletânea impressa ou virtual de imagens variadas e misturadas de máscaras de etnias africanas e indígenas. Importante que o material com as imagens das máscaras disponibilizado para cada grupo não tenha legenda ou outra informação.

Acompanhando as imagens, devem ser disponibilizadas aos estudantes perguntas que os conduzam a investigar as máscaras. Sugerem-se como perguntas:

- Observem cada imagem. Como elas se apresentam para vocês? Descrevam.

- Quais semelhanças e diferenças podem ser relacionadas entre as máscaras?
- Que recursos identificam na produção das máscaras?
- A qual povo pertencem as máscaras: indígena ou africano?
- Vocês diriam que as máscaras representam algum personagem? Qual seria?
- Como descrevem a expressão facial e os traços presentes nas diferentes máscaras?
- Quais acessórios e materiais foram utilizados na confecção das máscaras?
- Vocês associam as máscaras a algum contexto celebrativo religioso ou não? Por quê?

Esclareça que cada grupo terá de ler as máscaras e apresentar para a turma as conclusões que obteve a partir dessa análise sistematizada.

Após o trabalho reflexivo e investigativo, no momento da apresentação dos grupos, projete as imagens das máscaras para que todos os estudantes acompanhem os comentários. Importante sempre retomar com os estudantes os fatores que os levaram às suas conclusões. Destaque a máscara como cultura material que, quando associada a outras fontes, como música, rituais e adereços, revela muito sobre a história de um povo. Importante, também, destacar aos estudantes a diversidade de culturas e etnias que compõem os povos indígenas e africanos.

IDENTIFICAÇÃO E ANÁLISE

A partir do estudo anterior, explore que as máscaras africanas e indígenas são compostas de elementos que expressam sua cultura, seus valores morais e religiosos.

No âmbito religioso, mencione que as máscaras africanas se caracterizam como instrumentos simbólicos utilizados em diversos rituais – de nascimento e de iniciação, fúnebres, matrimoniais, de cura e outros. Comente a importância das máscaras africanas no campo da arte e da espiritualidade. Destaque que aqueles que as usam em cerimônias religiosas tornam-se representantes de tradições e, por vezes, sua identidade se modifica para ocupar o espaço de um ser espiritual.

Apresente aos estudantes o povo Dogon, que vive na região do planalto central de Mali, na África Ocidental. Comente que ele é reconhecido por suas tradições religiosas, danças das máscaras, produção de esculturas e arquitetura. Explique que esse povo é detentor de uma história relacionada a lendas e crenças que envolvem as origens do Universo e seus fenômenos. Ressalte que esse povo é detentor de um conhecimento extraordinário de astronomia, antecipando, inclusive, o conhecimento de cientistas. Mencione que os anciões e os sacerdotes ensinavam ao povo a existência do movimento em espiral de nossa galáxia, a Via Láctea. Comente que esse povo faz uma cerimônia chamada Sigi, associada ao seu conhecimento da estrela Sirius B e do tempo que ela leva, aproximadamente cinquenta anos, para dar uma volta ao redor de Sirius A. Esse evento marca o calendário desse povo e sua cosmogonia, a explicação para a criação do cosmos representada em rituais com danças e máscaras.

Mencione que esse povo conserva seus valores ancestrais e mantém suas tradições, como festivais, cerimônias e cultos aos antepassados. Em seus rituais e tradições sagradas, revelam sua relação com o meio ambiente. A dança das máscaras desse povo é considerada um patrimônio imaterial. Trata-se de um rito que contempla a criação do mundo e a organização do Sistema Solar, como também reverencia o culto às divindades e aos mistérios da morte. Essa dança é realizada por dançarinos vestidos com roupas de fibras coloridas, geralmente amarelas e vermelhas, usando máscaras de madeira pintadas com tons coloridos e brilhantes, capuzes de tecido e pernas de pau. As máscaras possuem significados relacionados à conexão entre o mundo do Sol e da Terra, compreendendo que nesses mundos se encontram a vida e a morte. Comente que a dança somente é realizada por homens que passaram pelo rito de iniciação e que há máscaras de figuras femininas destacando o papel e a importância da mulher.[23]

Para ilustrar a exposição, sugere-se ao professor:

- Ler o verbete "Dogon" elaborado por José Tiago Risi Leme (2003).
- Assistir aos vídeos "O misterioso povo Dogon, a estrela Sirius e a criação do Universo" (canal Uma história a mais), "Dogon, os Astrónomos africanos" (canal Mwana Afrika oficina cultural) e "Dogon Dama" (canal National Geographic).
- Ler o artigo "Máscaras africanas: o que são, tipos e significados", publicado por Enciclopédia Significados.

VÍDEOS

O MISTERIOSO povo Dogon, a estrela Sirius e a criação do Universo. 1 vídeo (9:51 min.), 2020. Publicado pelo canal Uma história a mais.

POVO DOGON, os Astrónomos africanos. 1 vídeo (2:52 min.), 2022. Publicado pelo canal Mwana Afrika Oficina Cultural.

DOGON Dama. 1 vídeo (2:52 min.), 2009. Publicado pelo canal National Geographic.

23 Para ampliar as informações consultar: ZURITA, M. O mistério dos Dogons, o povo das estrelas. *Olhar digital*, 2023. Disponível em: https://olhardigital.com.br/2023/11/27/colunistas/o-misterio-dos-dogons-o-povo-das-estrelas/. Acesso em: 27 fev. 2024.

Após apresentar o povo Dogon, questione aos estudantes o que mais lhes chamou atenção sobre esse povo e o que sabem de outros povos que se assemelha à cosmovisão desse povo.

Esclareça que, na cultura dos povos indígenas, encontramos também muitos fatos associados à natureza e à criação. Prossiga o estudo orientando a pesquisa proposta na sequência.

Atividade de pesquisa

Organize os estudantes em dois grupos, um grupo irá se dedicar a pesquisar o uso das máscaras pelos povos indígenas e o outro pelos povos africanos. Oriente que cada grupo escolha uma tribo ou etnia diferente para pesquisar sobre o uso das máscaras. Para isso, pode-se sugerir:

- Entre os povos indígenas as tribos: dos Pataxós, dos Borucas, dos Ticunas, dos Pankararus, dos Matis, dos Karajás e outras.
- Entre os africanos poderão ser sugeridos o povo Bwa (Burkina Faso), o povo Fang, do Gabão, Guiné e República dos Camarões; o povo Senefu, da Costa do Marfim; o povo Songye, da República Popular do Congo; entre outros.

Sobre as máscaras da tribo ou povo escolhido, os estudantes deverão pesquisar os seguintes aspectos:

- quais as principais temáticas representadas nas máscaras;
- quais os traços característicos;
- quais os mitos que as máscaras representam;
- em quais ocasiões são utilizadas – ritos religiosos, festas e outras ocasiões;
- com quais materiais são confeccionadas.

Oriente os estudantes para que os resultados das pesquisas sejam apresentados em vídeos com duração entre 3 a 5 minutos. O vídeo deverá ser apresentado pelos grupos para a turma.

Para contribuir com o desenvolvimento desse estudo, sugerem-se as seguintes leituras que podem ser propostas aos estudantes ou para ampliar a exposição do professor:

SUGESTÕES DE LEITURA

- FROTA, L. C. *A cultura material do índio brasileiro*: um objeto de conhecimento. Rio de Janeiro: Funarte, 1981 (Coleção Museus Brasileiros – Museu Paraense Emílio Goeldi, v. 4).
- GEERTZ, C. *A interpretação das culturas.* Rio de Janeiro: Zahar, 1978.
- DOMINGUES-LOPES, R. de C. Cultura material e identidade: as máscaras indígenas dos povos Ticuna e Pankararu. *MARGENS – Revista Interdisciplinar*, v. 14. n. 23, dez. 2020, p. 133-147.
- DOMINGUES, J. E. Máscaras africanas: beleza, magia e importância. *Ensinar história*, 18 abr. 2017.

VÍDEOS

MÁSCARAS indígenas brasileiras. 1 vídeo (1:29 min.), 2011. Publicado pelo canal Nina Pesce.

A IMPORTÂNCIA das máscaras indígenas Boruca. 1 vídeo (2:09 min.), 2016. Publicado pelo canal DefensoríaCR.

MÁSCARAS africanas e sua influência para o Cubismo de Pablo Picasso. 1 vídeo (2:52 min.), 2021. Publicado pelo canal Professora Marriete.

APROPRIAÇÃO E RESSIGNIFICAÇÃO

Promova uma conversa com os estudantes sobre as máscaras serem bens materiais que simbolizam e manifestam saberes próprios, particulares de cada cultura/povo. Comente, também, que elas são associadas geralmente às tradições, por isso vêm de seus antepassados.

Instigue os estudantes a comentarem sobre um bem material ou imaterial que é próprio de sua cultura e qual simbolismo é atribuído a esse bem, destacando se está associado a tradições de algum de seus antepassados. Reserve tempo para essa partilha.

Depois, destaque aspectos do estudo associados às manifestações das etnias indígenas e africanas em que as máscaras são parte das suas tradições e seu uso se apresenta associado a outros elementos (música, dança, indumentárias...) que revelam aspectos da vida, visão de mundo, organização social, bem como aspectos míticos e religiosos. Comente que elas são, portanto, portadoras de uma simbologia social e ritualística que envolve o sobrenatural e a dimensão sagrada, espiritual. São as diferentes tradições desses povos que configuram as marcas do seu estilo de vida e sua identidade.

Para reconhecer essa diversidade, realize um projeto interdisciplinar entre os componentes Ensino Religioso e Arte para desenvolver a relação da religião com a arte. Nesse projeto, o Ensino Religioso deverá ter como foco central a questão das máscaras africanas e indígenas enquanto manifestação artística e religiosa. Por sua vez, o componente Arte deverá trabalhar a influência das máscaras africanas no movimento artístico cubista, analisando os traços delas em sua confecção. A intenção é que essa abordagem leve à montagem de uma exposição.

Organize os estudantes em grupos. Entregue a cada grupo um roteiro elaborado pelos professores de Arte e Ensino Religioso referentes à confecção de máscaras e à montagem de uma exposição. Os grupos deverão escolher qual máscara confeccionar – se dos povos indígenas ou africanos. Essa produção deverá considerar os conteúdos do estudo desenvolvido nas atividades de análises, pesquisas, produções de vídeos, estudos dos textos e debates sobre as máscaras, realizadas durante as aulas de Ensino Religioso, como também dos temas e das atividades desenvolvidos nas aulas de Arte.

DICA

Para aprofundar os conhecimentos sobre os traços das máscaras, seus significados e suas conexões com os rituais religiosos, proponha aos estudantes assistirem aos vídeos "Máscaras africanas" (canal Mwana Afrika oficina cultural) e "Dogon Mask Dance" (canal Junichi Nakane) para realizarem um posterior debate que favoreça a revisão dos conceitos e dos contextos desenvolvidos sobre o tema. Os vídeos podem, também, contribuir como inspiração para os estudantes na confecção das máscaras e na montagem da exposição.

VÍDEOS

MÁSCARAS africanas. 1 vídeo (3:46 min.), 2022. Publicado pelo canal Mwana Afrika oficina cultural.

DOGON Mask Dance. 1 vídeo (2:35 min.), 2012. Publicado pelo canal Junichi Nakane.

SUGESTÃO

Para a preparação de argumentos na ocasião da exposição, sugere-se aos professores o livro: NAIPAUL, V.S. *A máscara da África*. São Paulo: Companhia das Letras, 2011.

Para elaboração desse projeto interdisciplinar, sugere-se que os professores de Ensino Religioso e Arte organizem a divisão das atividades a serem realizadas de maneira que nas aulas de Arte os estudantes tenham acesso às técnicas e aos recursos para a produção das máscaras. Nas aulas de Ensino Religioso, por sua vez, os estudantes deverão ser orientados para elaborarem o projeto das máscaras e da exposição, estabelecendo a conexão de suas produções com os elementos culturais da etnia escolhida, considerando nesse processo a transmissão de valores e sua relação com o sagrado.

Após a conclusão da produção das máscaras, organize com os estudantes a exposição tendo como tema "Máscaras: uma exposição sobre os diálogos entre a religião e a arte".

A exposição poderá ser montada considerando como critérios:

- A produção das máscaras e os materiais utilizados.
- A apresentação das máscaras e sua importância para a etnia escolhida (africana ou indígena).
- A correlação da produção com o desenvolvimento do estudo realizado.
- A elaboração de murais informativos complementares, divulgando os vídeos e outras fontes de estudo.
- A organização adotada para expor as máscaras.

Após a exposição, converse com os estudante sobre:

- O que as máscaras produzidas têm em comum.
- Quais foram as novidades aprendidas após a exposição dos colegas.
- O diálogo entre a arte e a religião, destacando os aspectos da relação com o sagrado que foram vistos no decorrer dos estudos. Ainda sobre essa abordagem, instigue os estudantes a explorarem, a partir do que viram, que o papel da arte em algumas culturas é de mediadora entre a pessoa que crê e a divindade.

Conclua este momento comentando que a arte está presente em diferentes manifestações religiosas ocupando um papel significativo na transmissão de suas mensagens. Ainda, a arte é possibilitadora de intercâmbio entre as culturas e tradições religiosas, visto que muitas peças – como máscaras indígenas e africanas – fazem parte da ambientação, ou seja, da decoração de residências e estabelecimentos comerciais, sem que necessariamente o uso delas esteja associado a crenças religiosas.

ATIVIDADE AVALIATIVA

Oriente os estudantes a complementarem o painel iniciado no roteiro anterior incluindo nele imagens, frases, símbolos e relatos associados às máscaras dos povos indígenas e africanos. Comente que poderão seguir os mesmos itens ou acrescentar outros de acordo com as pesquisas e os estudos realizados.

Vida e morte

Rodrigo Oliveira dos Santos[24]

A morte faz parte do desenvolvimento humano, como um evento inerente à vida e uma possibilidade inevitável e inadiável que alcançará a todos. Entretanto é preciso esclarecer os sentidos e os significados elaborados sobre esse evento, que pode ser compreendido basicamente sob dois pontos de vista: 1. biológico/físico-químico, logo, científico e/ou filosófico; e 2. cultural, marcado pelo simbólico e expresso em diversas crenças, práticas religiosas, narrativas míticas, ritos, estilos de vida, doutrinas, códigos morais, textos escritos e orais, entre outros, para os quais, em sua maioria, prevalece a crença na continuidade da vida após a morte.

Desse modo, entender a morte como um fenômeno natural, bem comum entre aqueles que compartilham do ponto de vista científico e/ou filosófico, assenta-se na imanência, para a qual a vida e a morte se inicia e se encerra neste mundo, orientando-se por princípios e referenciais que não pertencem ao universo religioso. É na própria humanidade que a vida e a morte acontecem.

No ponto de vista cultural, é comum a crença de que a vida não surgiu de causas naturais, mas que seria obra de um criador ou de divindade(s), entre outros, sob os mais diversos nomes, que escapam da materialidade humana para uma realidade extra-humana e metaempírica, por isso simbólica. Diante de inúmeras narrativas míticas fundantes, concepções e ideias religiosas e seculares, a vida e a morte ganham sentidos e significados diferentes em cada cultura ou tradição religiosa.

24 Doutor em Ciência da Religião pela Pontifícia Universidade Católica (PUC-SP). É professor de Ensino Religioso na rede pública de ensino municipal (Belém) e estadual (Pará).

Diante dessas considerações, o estudo proposto sobre o tema vida e morte possibilita explorar a imortalidade humana sob o viés secular, apesar de esse tema ser tratado quase que exclusivamente pelas religiões. Essa abordagem permite reconhecer a presença de outras visões de mundo e orientações que surgem, principalmente, do desenvolvimento da ciência.

Com essa perspectiva, espera-se que os estudantes reconheçam cada vez mais que a diversidade e as diferenças são a marca das sociedades, das culturas, dos povos e de si próprios, inclusive no caso da vida e da morte.

Assim, no estudo proposto nestes roteiros, os estudantes terão a oportunidade de identificar, estudar, conhecer, analisar e comparar as narrativas míticas fundantes, as concepções religiosas e seculares de vida e morte. Portanto, ao explorar com os estudantes a percepção de que a morte não é algo distante das pessoas, possibilita-se compreenderem que é importante identificar e reconhecer como as crenças e as práticas religiosas em torno dos ritos fúnebres, não somente, podem mudar e se adaptar, utilizando para isso os recursos disponíveis em seus contextos.

Ainda, na trilha de aprofundamento do estudo, elucida-se a importância de ritos para o luto, enfatizando-se que respeitar a crença daquele que morreu, e também da sua família, demonstra uma atitude esperada para com aqueles que ficaram, e não necessariamente com os que se foram. Compreender isso é de uma nobreza humana desejada, pois, ao abordar o tema da morte, a preocupação principal é voltada às pessoas que ficam, que precisam de apoio e acolhimento.

Na sequência, algumas leituras que podem contribuir para a prática pedagógica do professor.

REFERÊNCIAS

ARIÈS, P. *O homem diante da morte*. São Paulo: UNESP, 2014.

CALLIA, M. H. P.; OLIVEIRA, M. F. O. (org.). *Reflexões sobre a morte no Brasil*. São Paulo: Paulus, 2005.

JUQUEIRA, S. R. A.; SANTOS, R. O. (org.). *Abordagens da morte na escola*: uma proposta transdisciplinar a partir do Ensino Religioso. Porto Alegre: Fi, 2019.

ROTEIRO 01

Título/tema	Vida e morte
Unidade temática	Crenças religiosas e filosofias de vida.
Objeto(s) de conhecimento	Vida e morte.
Objetivo(s) de aprendizagem	• Identificar nas narrativas míticas fundantes de diferentes matrizes religiosas as percepções, no passado e na atualidade, sobre a vida e a morte. • Comparar e analisar nas narrativas míticas fundantes como ocorreram as origens da vida e da morte. • Relacionar e analisar as diferentes concepções religiosas e seculares de vida e morte.
Previsão de horas/aula(s)	Quatro horas/aulas.
Recursos	• Equipamento audiovisual com acesso à internet, para projeção de imagens e vídeos. • Notícia "Cientista prevê que imortalidade será possível até 2030; entenda", publicada no *Correio Brasiliense* (2023) – disponível na internet. • Reportagem "O que as religiões explicam sobre a morte", de Raphaela de C. Mello (*Exame*, 2013) – disponível na internet. • Reportagem "Religião e morte", de Sandson Rotterdan (*Revista Senso*, 2020) – disponível na internet. • Na atividade de seminário, definir diretrizes e normas para o trabalho escrito e para a apresentação em sala, segundo as possibilidades da realidade. • Folha de papel A4 para cada estudante realizar a atividade avaliativa.

OBSERVAÇÃO

Atividade mobilizadora

Considerando o contexto dos recentes avanços tecnológicos, expressos em equipamentos, dispositivos e máquinas eletrônicas que simulam a inteligência e as capacidades humanas, explore o fato de que a Inteligência Artificial (IA) tem avançado praticamente em todas as áreas profissionais e atividades humanas, sendo hoje possível até falar na imortalidade humana a partir de uma perspectiva também tecnológica, algo que até então estava restrito ao universo religioso.

SUGESTÃO

Proponha aos estudantes a leitura da notícia "Cientista prevê que imortalidade será possível até 2030; entenda", publicada no *Correio Brasiliense* (2023), na qual o cientista futurista e inventor norte-americano Ray Kurzweil aborda o aumento de expectativa de vida para os seres humanos.

Atividade de sistematização

Oriente os estudantes a formarem grupos para identificarem como se organiza a ideia de imortalidade na notícia, comparando-as com as ideias das religiões que conhecem. Cada grupo fará o seu registro no caderno para socializar com os colegas o que refletiu sobre a ideia de imortalidade nesses dois contextos: secular e religioso.

Observe se os grupos conseguem entender e comparar a ideia de imortalidade apresentando as semelhanças e as diferenças entre as seculares e as religiosas. Solicite aos grupos o uso de exemplos, inclusive da sua própria realidade.

IDENTIFICAÇÃO E ANÁLISE

Atividade de estudo e pesquisa

Disponibilize aos estudantes a impressão do texto a seguir para leitura e pesquisa sobre as informações abordadas acerca da morte:

- "O que as religiões explicam sobre a morte", de Raphaela de C. Mello (*Exame*, 2013).

Oriente os estudantes que, em grupos, consultem o material de estudo disponibilizado e conversem sobre ele. Depois, solicite que, individualmente, cada membro dos grupos busque, por meio de uma pesquisa mais abrangente - em revistas, livros, sites, jornais, entre outros materiais a seu alcance -, ampliar seus conhecimentos e reunir dados sobre os seguintes assuntos:

a. Narrativas míticas fundantes sobre a vida e a morte em diferentes culturas e tradições religiosas.

b. Concepções religiosas e seculares de vida e morte.

Após a pesquisa, solicite que os grupos se reúnam para que cada um de seus membros compartilhe o que conseguiu encontrar individualmente sobre os assuntos em questão.

É importante destacar que, nas concepções seculares, não há narrativas míticas, mas, assim como nas concepções religiosas, existe uma diversidade de possibilidades e interpretações a respeito da vida e da morte. Comente que isso, de certa forma, traduz as próprias diferenças humanas e verifique se, entre os grupos, esse aspecto é reconhecido, para que eles percebam a importância disso na garantia de direitos individuais e coletivos.

APROPRIAÇÃO E RESSIGNIFICAÇÃO

Seminário

Proponha aos estudantes a realização de um seminário a partir dos dados de suas pesquisas.

Esclareça a importância do seminário para a socialização de conhecimentos que favorecem o desenvolvimento pessoal e profissional. Explique que refletir sobre o assunto vida e morte é algo que convoca a todos, uma vez que a finitude é intrínseca à vida e reconhecê-la nas experiências do ser humano permite compreender os possíveis sentidos atribuídos pelas pessoas às suas perdas.

Oriente os grupos na organização do seminário. Para isso, eleja as diretrizes e as normas para o trabalho escrito e para a apresentação em sala, segundo as possibilidades da realidade. Defina, especialmente, o prazo para a entrega do trabalho escrito e o tempo para cada apresentação.

SUGESTÃO

Indique os recursos digitais disponíveis para os grupos organizarem suas apresentações, como PowerPoint, Canva, Padlet, entre outros.

Antes das apresentações, considere que a vida e a morte sempre foram uma questão que colocou a humanidade diante da sua própria finitude e, talvez, isso impulsione algumas pessoas a buscarem a imortalidade. Nesse aspecto, observe e identifique se os grupos conseguem evidenciar esse ponto, principalmente indicando as narrativas míticas como os primeiros registros dessa angústia – fundamentais para a organização das tradições religiosas, que se configuraram com orientações e práticas em torno desses conceitos.

No decorrer do seminário, incentive os estudantes a observarem os conhecimentos expostos como fundamentais para interpretar as variadas relações propostas entre vida e morte, possibilitando exercitar uma postura de respeito capaz de transformar e potencializar uma convivência mais inclusiva e gentil com as diferenças.

Analise como cada grupo desenvolveu sua lógica discursiva, na forma escrita e oral, avaliando como foi o respeito dedicado às ideias, aos sentidos e aos significados que cada concepção religiosa e secular elaborou.

ATIVIDADE AVALIATIVA

Apoie o processo de desenvolvimento e apresentação do seminário. Observe o percurso dos grupos e dos estudantes em particular, pois o bom desempenho do seminário em um grupo depende da participação e do envolvimento de todos que fazem parte dele. Observe o interesse, a participação e a dedicação.

Distribua folhas de papel A4 a cada estudante. Proponha a elaboração de uma síntese individual na qual, por meio de um esquema, cada estudante apresente a sua trilha de aprendizagem identificando o conhecimento desenvolvido no decorrer do estudo.

ROTEIRO 02

Título/tema	Ritos fúnebres e ideias de pós-morte no processo do luto
Unidade temática	Crenças religiosas e filosofias de vida.
Objeto(s) de conhecimento	Vida e morte.
Objetivo(s) de aprendizagem	• Analisar a importância dos ritos fúnebres no processo do luto, considerando as concepções religiosas e seculares de vida e morte. • Identificar as ideias de pós-morte nas diferentes matrizes religiosas (ancestralidade, ressurreição, reencarnação, transmigração, entre outras) no passado e no presente. • Comparar as ideias de pós-morte de diferentes matrizes religiosas (ancestralidade, reencarnação, transmigração, ressurreição, entre outras), destacando seus pontos comuns, suas diferenças e suas influências nas condutas individuais e coletivas durante a vida terrena. • Reconhecer a importância dos ritos fúnebres para o luto e como prática social. • Relacionar as diferenças e as semelhanças das práticas rituais, ideias e concepções religiosas e seculares, assim como das influências delas nas condutas individuais e coletivas durante a vida e a morte. • Compreender a valorização e a ressignificação da vida e da morte, seus sentidos e significados nas diferentes matrizes religiosas e seculares. • Reconhecer a necessidade de respeito às formas de ser, fazer e viver os ritos fúnebres, as práticas lutuosas e as ideias de pós-morte.
Previsão de horas/aula(s)	Quatro horas/aulas.
Recursos	• Equipamento audiovisual com acesso à internet. • Notícia "Pandemia de coronavírus leva a mudança de ritos funerários e da forma como os brasileiros vivenciam o luto – funerais virtuais e memoriais on-line viram caminhos durante as restrições do isolamento social", de Laís Modelli (*G1*, 2020). • Informações sobre as diversas situações nas quais se observa a banalização da vida humana nas sociedades contemporâneas, para apresentá-las aos estudantes. • Roteiro descritivo das abordagens a serem realizadas nos vídeos explicativos, na atividade avaliativa.

OBSERVAÇÃO

Atividade mobilizadora

Comente o fato de que a pandemia do coronavírus, que assolou o mundo, levou autoridades de diferentes nações a se organizarem no sentido de conter o avanço do vírus e, consequentemente, o número de mortes. Explique que esta realidade provocou em muitas pessoas a necessidade de analisar suas relações consigo, com os seus semelhantes, com a natureza e com o transcendente, levando-as a refletirem sobre o sentido da própria vida.

Destaque que, durante a pandemia, a vida e a morte tiveram sua rotina alterada. Comente que, devido ao isolamento social diante do aumento da mortalidade, houve impactos na forma de se viver o luto e as perdas dos entes queridos, pois os ritos fúnebres tiveram de ser dispensados e, muitas vezes, o enterro se tornou um processo realizado sem a presença de familiares. Elucide o sofrimento das famílias nesse contexto e enfatize que o período entre 2020 e 2022 marcou profundamente as concepções de vida e morte na humanidade, sejam elas religiosas ou seculares.

Para iniciar essa discussão, apresente como base de reflexão a seguinte notícia: "Pandemia de coronavírus leva a mudança de ritos funerários e da forma como os brasileiros vivenciam o luto – funerais virtuais e memoriais on-line viram caminhos durante as restrições do isolamento social", de Laís Modelli (*G1*, 2020).

SUGESTÃO DE LEITURA

Organize a turma para a leitura coletiva da notícia selecionada, a ser exibida em sala. Peça que os estudantes identifiquem as principais mudanças ocasionadas com a pandemia com relação à vida e à morte, dando destaque aos ritos fúnebres, assim como às mudanças e adaptações realizadas neles diante daquele contexto.

IDENTIFICAÇÃO E ANÁLISE

Organize os estudantes em grupos para início dos estudos sobre os ritos fúnebres e as ideias de pós-morte, recuperando muitas ideias discutidas no roteiro anterior, como a de imortalidade.

Atividade de pesquisa

Organize os estudantes em grupos e oriente-os a pesquisarem os seguintes assuntos:

a. Ritos fúnebres e a sua importância para o luto nas diferentes matrizes religiosas e seculares.

b. Ideias de pós-morte (ancestralidade, reencarnação, transmigração, ressurreição e outras) nas diferentes matrizes religiosas e seculares.

Solicite aos grupos a produção de uma maquete para representar os ritos fúnebres de diferentes matrizes religiosas e seculares, com suas respectivas ideias de pós-morte. Para essa produção, pode-se deixar os estudantes escolherem, sortear e/ou direcionar a cada grupo a cultura e/ou tradição religiosa a ser pesquisada.

SUGESTÃO

Disponibilizar, segundo as possibilidades da realidade, os recursos para a produção da maquete, como a base em isopor e sucatas.

Oriente que, na maquete, estejam representados:

- O rito fúnebre com a sua respectiva ideia de pós-morte.
- O que se deve fazer com o corpo do morto durante o rito e o seu destino, não esquecendo de elucidar como essa prática é fundamental para o luto.

No decorrer do estudo, verifique em sala o andamento da pesquisa, observando o avanço e as dificuldades dos grupos.

A exposição da maquete

Valorize a criatividade dos grupos na representação da sua maquete e providencie um espaço adequado para a exposição.

A partir das apresentações das maquetes e devidas explicações dos grupos, explore:

- O fenômeno da morte, bem como as reações individuais e coletivas diante dele.
- A morte como um evento que remete à memória da vida.
- A relação da morte com práticas de valorização e cuidado com a vida.

Oriente-os a perceberem nas maquetes e nas explicações dos grupos que a morte é uma possibilidade à espreita de todos, por isso diferentes culturas e tradições religiosas buscaram compreendê-la e lidar com ela por meio de ritos que pudessem lhe atribuir sentido e confortar os familiares e amigos. Mencione que durante a pandemia a morte se tornou uma possibilidade ainda mais próxima, pois se apresentou com mais frequência e de diversas maneiras. Antes, muitos mal comentavam sobre a morte, como se fosse um fenômeno que atingisse apenas "os outros". Destaque que a pandemia tornou a finitude da vida um assunto mais presente nas diferentes famílias.

DICA

Providencie com os estudantes uma exposição de suas maquetes na área coletiva da escola, em um horário no qual as outras turmas possam visitar e interagir com os grupos.

Nesse aspecto, destaque que vida e morte se relacionam intimamente, sendo importante observar que a concepção de morte pode levar as pessoas a compreenderem que o tempo de vida é precioso, devendo ser vivido da melhor forma possível – para muitos, na companhia das pessoas amadas e dos amigos; praticando aquilo que lhe faz bem; buscando se tornar melhor diariamente; seguindo princípios culturais ou religiosos; entre outras possibilidades.

O rito funerário pode representar muitas coisas, como a crença no pós-morte, a despedida ou uma prática cultural-religiosa, mas, sem dúvidas, expressa principalmente a dor da falta, da ausência e do desaparecimento da pessoa amada.

APROPRIAÇÃO E RESSIGNIFICAÇÃO

Atividade de sistematização do saber

A temática da morte na escola ainda tem sido vista como um tema interdito, passível de resistências e dificuldades, por isso o desenvolvimento deste estudo poderá gerar certo desconforto, e isso não se refere apenas aos estudantes.

Assim, é importante sempre apresentar e retomar junto aos estudantes os objetivos e as finalidades pedagógicas deste estudo, que se assentam na materialidade humana intercultural. Incentive os estudantes a refletirem sobre a morte como um tema inerente a todos, configurando-se uma possibilidade de ressignificar o valor da vida, principalmente em uma sociedade que se revela cada vez mais violenta.

Reúna informações sobre as diversas situações nas quais se observa a banalização da vida humana nas sociedades contemporâneas e apresente-as aos estudantes. Questione-os sobre essas situações e o que se pode fazer para que a vida seja respeitada em todas as suas fases e dimensões, contextos e condições.

IMPORTANTE

Ao selecionar informações de situações de banalização da vida, enfatize aquelas que ocorrem no contexto escolar para promover com os estudantes uma reflexão capaz de gerar transformações sociais em sua convivência.

Explore que na vida há um movimento dinâmico de experiências entre as pessoas, sendo algumas boas e difíceis, que possibilitam ao ser humano aprender sobre alegria e tristeza, felicidade e infelicidade, respeito e desrespeito. Nesse processo, o ser humano descobre a necessidade e o valor dos direitos e dos deveres, como também que há responsabilidade e corresponsabilidades envolvendo tudo o que acontece com a sua própria vida e a de seus pares. Nessa dinâmica interagem a vida e a morte, e uma não é desconectada da outra, ou seja, o significado da morte está associado à experiência e ao modo de viver das pessoas.

A trilha iniciada pela notícia não pode cair no esquecimento, uma vez que não poucos, mas milhões de pessoas ainda sofrem perdas difíceis e desamparadoras.

Destaque a importância das religiões nesse processo, uma vez que elas costumam abordar a morte de um modo direto dentro de suas comunidades, aliando suas concepções de pós-morte à vida e ao modo como ela é vivida. Comente que as diversas tradições religiosas muitas vezes confortam e orientam a respeito da morte, tornando os espaços sagrados ambientes de acolhimento a famílias enlutadas.

Por outro lado, é importante também evidenciar as ideias seculares, que não são poucas e ganham cada vez mais adesão no mundo inteiro. Pode-se utilizar as maquetes que representaram ideias seculares como recursos para favorecer a reflexão, com serenidade, sobre os rituais seculares e seus elementos culturais voltados à experiência da perda de entes queridos.

Comente que as características culturais e religiosas também expressam as diferenças individuais e de uma coletividade que compõem a identidade de cada pessoa e/ou grupo. Explore os rituais fúnebres como meios de prestar homenagem e despedir-se dos falecidos que são próprios de cada cultura e crença, sendo a morte um dos ritos de passagem com muito simbolismo em algumas culturas.

Destaque como ocorrem em diversas culturas e tradições religiosas as celebrações de memória dos entes queridos falecidos: Dia de Finados, a celebração do El Dia de Muertos realizada no México e outras que considerar relevantes.

ATIVIDADE AVALIATIVA

Oriente os estudantes a prepararem vídeos explicativos sobre o estudo realizado. Organize um roteiro descritivo das abordagens a serem realizadas nos vídeos e defina, segundo a realidade, os recursos audiovisuais a serem utilizados, o tempo mínimo/máximo dos vídeos e como serão apresentados à turma.

Uma sugestão é solicitar que os vídeos sejam produzidos nos mesmos grupos que criaram as maquetes, de modo que podem se apropriar delas para discorrer sobre o conteúdo explorando os elementos nelas representados, como objetos, cenários e organização.

Sepulturas e a relação dos seres humanos com a morte ao longo da história

Valeska Freman B. Freitas Silveira[25]

Desde os primórdios da humanidade, os mais diferentes povos sempre se questionaram sobre a morte, e consequentemente sobre a vida. O mistério da morte levou os seres humanos a buscarem compreender qual o sentido da vida, da própria morte e o que existe depois dela. Segundo o filósofo e sociólogo Edgar Morin[26], a crença na imortalidade da alma foi um dos fatores que contribuíram para que os seres humanos passassem a cuidar de seus mortos. Os rituais fúnebres, presentes há mais de 25 mil anos, foram uma maneira de os seres humanos desenvolverem esse cuidado com seus mortos. Os rituais fúnebres eram, e ainda são, uma importante forma de elaborar a perda de entes queridos. Cada povo, cada tradição, passou a expressar de diferentes formas suas dores diante da morte, de modo que os rituais fúnebres são realizados de acordo com seus mitos, símbolos, concepções de vida e de morte. Para os povos antigos, os ritos fúnebres significavam uma importante forma de fazer memória dos mortos – e também um dever religioso, no sentido de garantir que eles tivessem um bom pós-morte. Nessa perspectiva, o estudo possibilitará

---

25 Doutora e mestra em Ciências da Religião pela Pontifícia Universidade Católica de São Paulo (PUC-SP); bacharela e licenciada em História (PUC-SP). Professora de Ensino Religioso no Ensino Fundamental II e Ensino Médio. Conferencista e professora de curso de Especialização em Ciências da Religião da Controladoria Geral de Especialização (Cogeae – PUC-SP). Autora de coleção de livros didáticos do Ensino Religioso. Foi membro do Grupo de Estudos Religião e Gênero no Brasil.

26 MORIN, E. *O homem e a morte*. São Paulo: Biblioteca Universitária, 1997.

reconhecer a importância da vida, bem como identificar nas sepulturas valores, crenças, visões de mundo e pertencimento religioso, ou não, do falecido e de seus familiares. Ainda, quando existente, será proposta a relação das sepulturas, dos cemitérios e dos rituais que caracterizam uma cultura com seus elementos religiosos.

A seguir, sugere-se para o professor uma leitura que pode favorecer o trabalho pedagógico:

REFERÊNCIA

MORIN, E. *O homem e a morte*. São Paulo: Biblioteca Universitária, 1997.

ROTEIRO 01

Título/tema	Sepulturas e a relação dos seres humanos com a morte ao longo da história
Unidade temática	Crenças religiosas e filosofias de vida.
Objeto(s) de conhecimento	Vida e morte.
Objetivo(s) de aprendizagem	• Entender os diferentes aspectos relacionados às concepções de vida, morte e pós-morte nas diferentes tradições religiosas e filosofias de vida, a partir da análise de mitos, crenças e doutrinas, ideias de imortalidade, princípios e valores éticos. • Reconhecer a importância da vida, bem como a sua relação com as sepulturas, os cemitérios e os rituais mortuários. • Identificar nas sepulturas os valores, as crenças, as visões de mundo e o pertencimento religioso, ou não, do falecido ou de seus familiares. • Reconhecer a importância da sepultura nos rituais mortuários das mais diferentes civilizações ao longo da história. • Levantar hipóteses sobre qual a importância de os seres humanos ritualizarem o pós-morte. • Entender que os mitos mortuários estabelecem uma relação entre a morte (dimensão imanente, concreta) e as crenças do pós-morte (dimensão transcendente). • Analisar algumas tentativas humanas de entender o mistério da vida e da morte a partir dos conceitos de ancestralidade, reencarnação, ressurreição, transmigração e outros. • Analisar crenças e conceitos de vida e morte em sua relação com rituais fúnebres e suas etapas – desenvolvidos na Pré-História e na Antiguidade pelas civilizações egípcias e greco-romanas, nas sociedades africanas e indígenas da América Latina e nas tradições religiosas (judaísmo, cristianismo, islamismo, espiritismo, hinduísmo, budismo e outras). • Compreender o papel dos rituais fúnebres como códigos que, ao definirem o que é certo ou errado, permitido ou proibido, atuam como balizadores de comportamento diante da morte.
Previsão de horas/aula(s)	Cinco horas/aula.

Recursos	• Equipamento audiovisual com acesso à internet, para projeção de vídeos e imagens. • Documentário “Nós que aqui estamos, por vós esperamos”, dirigido por Marcelo Masagão (1998) – disponível na internet. • Roteiro de análise do documentário a ser entregue aos estudantes – sugestão no roteiro. • Disponibilizar papel kraft ou acesso ao Padlet aos grupos de estudantes para elaborarem uma apresentação à turma. • Distribuir aos grupos de estudantes povos, civilizações ou tradições religiosas para pesquisa – sugestões no roteiro. • Disponibilizar acesso dos grupos de estudantes às ferramentas digitais Canva ou Google Post para sistematizarem os resultados da pesquisa proposta no roteiro. • Recursos para a produção de cartazes (impressos ou digitais). • Providenciar uma exposição dos cartazes também a outras turmas da escola.

OBSERVAÇÃO

Atividade mobilizadora

a. Qual(is) reflexão(ões) o documentário propõe sobre a vida e a morte?

Explique as questões indicadas no roteiro, enfatizando o objetivo do trabalho. Instrua os estudantes a analisarem o documentário em grupos, com base no roteiro. Solicite que o registro das respostas seja realizado no Padlet ou no papel kraft para ser apresentado à turma.

> **DICA**
> Se possível, para realizar o trabalho, sugere-se incentivar os estudantes a consultarem trechos do documentário pelo celular ou Chromebook para responderem às questões propostas.

Reserve tempo para os estudantes compartilharem com a turma suas considerações sobre o documentário. Durante a partilha dos grupos, estimule os estudantes a refletirem sobre a importância da vida e da relação entre as sepulturas e os rituais fúnebres como uma expressão de valores, crenças e visão de mundo da família e do falecido.

Assista ao documentário “Nós que aqui estamos, por vós esperamos”, dirigido por Marcelo Masagão (1998), e verifique a pertinência de apresentá-lo aos estudantes.

VÍDEO

NÓS QUE AQUI ESTAMOS, por vós esperamos. Direção de Marcelo Masagão. 1 vídeo (1:12 min.), 2019. Publicado pelo canal Marcelo Masagão.

Ao fazer a opção de projetar o documentário, explique aos estudantes que essa obra dará início à temática: “As sepulturas e a relação dos seres humanos com a morte ao longo da história”. Apresente mais dados da ficha técnica do documentário e comente que não se trata de uma história cronológica, mas de uma sucessão de imagens de diferentes lugares do mundo, em diferentes épocas, que abordam fatos da vida implicados na relação vida e morte.

Atividade de sistematização

Entregue aos estudantes um roteiro para a análise do documentário. Eles deverão observar os seguintes aspectos:

a. a relação entre os fatos históricos e o cotidiano das pessoas;
b. a relação entre a vida das pessoas e as suas sepulturas;
c. como são constituídas as sepulturas: arquitetura, símbolos, escritos nas lápides, esculturas etc.;
d. a relação entre a arte mortuária e a tradição religiosa à qual pertence a família do(a) falecido.

SUGESTÃO

Para enriquecer as reflexões junto aos estudantes, sugere-se a leitura da reportagem “Famoso navio funerário anglo-saxão foi provavelmente o último de seu tipo”, de Erin Blakemore (2021), publicada na página oficial da National Geographic.

IDENTIFICAÇÃO E ANÁLISE

Atividade de pesquisa

Oriente que cada grupo pesquise sobre um povo, uma civilização ou tradição religiosa, em livros, sites e periódicos, levantando os seguintes itens:

- dados históricos, geográficos e culturais do povo, da civilização ou da tradição religiosa escolhida;
- perfil das crenças e doutrinas;
- concepção de vida, de morte e de pós-morte;
- etapas dos rituais mortuários;
- estudo das sepulturas em diálogo com valores, crenças ou tradição religiosa.

Para orientar a pesquisa, eleja os povos e as tradições religiosas a serem distribuídos entre os grupos, tais como: indígenas das três Américas (definir as etnias), egípcios, gregos, romanos na Antiguidade, povos africanos (determinar etnias), ciganos, vikings, culturas orientais e tradições religiosas (judaísmo, cristianismo, islamismo, hinduísmo, budismo, espiritismo, umbanda, candomblé e outras).

IMPORTANTE

Avaliar as possibilidades de a pesquisa ser realizada na escola, por meio do acesso dos estudantes à internet e a outros recursos, ou orientá-los para realizá-la em casa.

Como recursos de pesquisa, indicam-se as leituras:

SUGESTÕES DE LEITURA

PARANÁ. *Ensino religioso*: diversidade cultural e religiosa. Governo do Estado do Paraná; Secretaria de Estado da Educação; Superintendência da Educação. Curitiba: Seed/PR, 2013.

GAARDER, J. *O livro das religiões*. São Paulo: Companhia das Letras, 2000.

Alguns vídeos também podem ser fontes de pesquisa para os grupos. Dentre muitos que podem ser encontrados na internet, sugerem-se os vídeos da "Série Sagrado" sobre concepções do pós-morte.

VÍDEOS

SAGRADO 091 – Vida após a morte: Protestantismo. 1 vídeo (2:01 min.), 2010. Publicado pelo canal de Uilson Costa.

SAGRADO 087 – Vida após a morte: Judaísmo. 1 vídeo (2:01 min.), 2010. Publicado pelo canal de Uilson Costa.

SAGRADO 085 – Vida após a morte: Budismo. 1 vídeo (2:01 min.), 2010. Publicado pelo canal de Uilson Costa.

Oriente cada grupo a sistematizar a pesquisa realizada utilizando as ferramentas digitais do Canva ou do Google Post para apresentar os resultados à turma. Comente que os estudantes deverão apresentar os trabalhos de pesquisa explicando os rituais mortuários nas diferentes tradições religiosas, evidenciando os valores, as crenças e as concepções de vida e de pós-morte que permitem identificar a importância das sepulturas nos rituais mortuários e a sua relação com a história pessoal e religiosa/espiritual do falecido e/ou familiares no contexto sociocultural analisado.

APROPRIAÇÃO E RESSIGNIFICAÇÃO

Após as apresentações dos grupos, organize uma roda de conversa sobre quais são os aspectos apresentados relacionados às semelhanças entre os valores, as crenças e as concepções de vida e de pós-morte das diversas culturas e tradições religiosas.

Destaque que as concepções de vida e morte estão associadas às percepções socioculturais que lhes atribuem significados. Comente que as tradições religiosas atribuem grande valor à vida, tratando-a como sagrada e, por esse motivo, estabelecem orientações que defendem a sua dignidade, lutando contra tudo o que possa banalizá-la. Assim, ao conduzirem reflexões sobre a vida junto aos seus adeptos, elas ressaltam a necessidade de se evitar qualquer forma de violência, desrespeito, preconceito e discriminação que contrarie o valor da vida em suas múltiplas dimensões.

Explore, a partir das pesquisas apresentadas, o papel das tradições religiosas no âmbito da vida e de seu valor. Aborde a relação entre a vida e a morte, enfatizando como essa relação se evidencia nos funerais e nas sepulturas.

Oriente os estudantes a produzirem cartazes (impressos ou digitais) com os dados de seus estudos. Nesses cartazes poderão complementar o estudo reunindo mais elementos, como fotos, trechos de documentários, reportagens e afins. Organize uma exposição dos cartazes voltada também a outras turmas da escola.

ATIVIDADE AVALIATIVA

Oriente os estudantes que este é o momento de certificar suas aprendizagens sobre o percurso realizado no decorrer do estudo. Para isso, solicite que respondam às perguntas:

- O que você entendeu sobre as concepções de vida, morte e pós-morte propostas pelas diferentes tradições religiosas?
- Como você definiria a relação que deve existir entre vida e morte? Como isso pode ser importante para as relações entre as pessoas?
- Como você descreve as tentativas humanas de se entender o mistério da vida e da morte, a partir dos conceitos de ancestralidade, reencarnação, ressurreição, transmigração e outras?
- Quais tradições religiosas você gostaria de estudar novamente?

As perguntas podem ser respondidas por escrito individualmente e, posteriormente, socializar as respostas em uma roda de conversa.

ROTEIRO 02

Título/tema	Sepulturas e a relação dos seres humanos com a morte ao longo da história
Unidade temática	Crenças religiosas e filosofias de vida.
Objeto(s) de conhecimento	Vida e morte.
Objetivo(s) de aprendizagem	• Refletir sobre o valor da vida, da liberdade, da estética e da própria identidade como sujeito que preserva valores e atitudes de respeito às concepções de morte, pós-morte, rituais fúnebres e espaços sagrados (cemitérios) de diferentes tradições religiosas. • Ler o espaço dos cemitérios a partir da tradição religiosa que o define. • Identificar na organização das sepulturas nos cemitérios as características que identificam as tradições religiosas de católicos, protestantes, judeus, islâmicos, budistas e outros. • Compreender os cemitérios como verdadeiros museus a céu aberto que, além de resgatarem histórias interessantes e importantes sobre personalidades da história local, preservam dignamente a memória de entes queridos. • Entender o significado das visitas ao cemitério realizadas por pessoas com familiares ali sepultados. • Reconhecer as formas de preservação da memória dos mortos.
Previsão de horas/aula(s)	Três horas/aula.
Recursos	• Organizar uma visita dos estudantes a um cemitério, conforme as possibilidades da realidade – sugestões de temas a serem analisados pelos grupos no roteiro. • Definição de como as informações coletadas durante a visita dos estudantes a um cemitério serão apresentadas à turma ou à escola – sugestões do roteiro. • Acesso dos estudantes à internet para realizarem uma pesquisa rápida de cemitérios nos quais ocorrem visitas turísticas. • Reportagem "Cortes, quebras, queimas: os rituais mortuários dos primeiros brasileiros", de Reinaldo José Lopes (2020). • Uma folha de papel kraft para a elaboração de uma lista coletiva – conforme atividade sugerida no roteiro.

OBSERVAÇÃO

Atividade mobilizadora

Estudo do meio

Organize uma visita dos estudantes a um cemitério, escolhendo-o com base nas possibilidades de sua realidade. Para isso, comente que os cemitérios têm sido utilizados em diferentes lugares para práticas turísticas, educativas e pedagógicas que ocorrem por meio de visitas guiadas. Mencione que nesses espaços podem ser observados elementos da educação, da cultura e do sagrado, pois neles há a manifestação de sentimentos e valores diversos.

SUGESTÃO

Este estudo pode ser desenvolvido organizando um projeto interdisciplinar entre os componentes Ensino Religioso, Filosofia e Arte. Para isso, considere que o componente Ensino Religioso deve ter como foco as concepções de pós-morte de diferentes povos e tradições religiosas; o componente Filosofia deve focar o significado da vida e da morte; e o componente Arte, a análise das artes mortuárias no cemitério.

Oriente os estudantes no desenvolvimento do trabalho de estudo durante a visita. Organize-os em grupos e distribua entre eles os temas a serem analisados no cemitério. Sugere-se a divisão temática:

- **Grupo 1** – Esculturas.
- **Grupo 2** – Profanação e degradação dos cemitérios.
- **Grupo 3** – Trabalho e entrevistas com os sepultadores.
- **Grupo 4** – Símbolos presentes nas sepulturas que representam tradições religiosas.
- **Grupo 5** – Cultos de sepultamento realizados no cemitério.
- **Grupo 6** – Celebração do Dia de Finados nos cemitérios.

Após a visita, solicite aos grupos que organizem as informações coletadas e as apresentarem à turma ou à escola. Sugerem-se como opções para este processo:

- **Opção 1** – Preparar painéis expositivos nos corredores ou no pátio da escola.
- **Opção 2** – Montar uma sala temática com os resultados dos projetos para visitação, com fotos, *podcasts* de entrevistas com os sepultadores, análise das sepulturas e dos cemitérios, registros ou encenações das celebrações do Dia de Finados etc.

IDENTIFICAÇÃO E ANÁLISE

A partir dos trabalhos apresentados pelos estudantes, explore que os cemitérios não são apenas espaços de luto e tristeza, mas verdadeiros espaços de memória e história de vida de uma pessoa, de uma sociedade e cultura. Neles se concentram elementos que compõem o patrimônio cultural de uma determinada sociedade, visto que retratam valores e se associam bens materiais e imateriais.

Explore o fato de que em algumas cidades há cemitérios que se tornaram atrativos turísticos, despertando o interesse das pessoas em visitá-los. Solicite que realizem uma pesquisa rápida na internet de cemitérios nos quais se realiza esse tipo de turismo, buscando informações de como ele ocorre.

Sobre visitas guiadas em cemitérios, comente que no Cemitério da Consolação, em São Paulo, a visita pode ser guiada presencialmente ou se realizar de modo autoguiado por meio de um aplicativo gratuito para *smartphones* chamado "Memória e vida – Guia Cemitério da Consolação". Essa ferramenta foi criada a partir de um projeto acadêmico entre a PUC-SP e o Serviço Funerário do Município de São Paulo, com a finalidade de instaurar no espaço do cemitério características que identifiquem os componentes museográficos, de tal modo que se torne um lugar de memória e vida.

Outro espaço sobre o qual se pode comentar é o Cemitério Municipal São Francisco de Paula, em Curitiba (PR), onde a visita guiada é noturna e se realiza com o objetivo de explorar as trajetórias das pessoas nele sepultadas.

SUGESTÃO DE LEITURA

Proponha aos estudantes a leitura da reportagem de Reinaldo José Lopes (2020), intitulada "Cortes, quebras, queimas: os rituais mortuários dos primeiros brasileiros", publicada na página oficial da National Geographic Brasil – acesso pelo *QR Code*.

A partir do texto, explore os aspectos relatados sobre a forma de enterrar os mortos e sua relação com rituais. Converse com os estudantes sobre a relação das pessoas com seus falecidos, explorando como elas os tratam após a morte.

Reúna os estudantes em grupos e solicite que conversem sobre as questões a seguir. Oriente-os a, criativamente, organizarem uma forma de apresentar o resultado dessa conversa aos colegas.

- As visitas a cemitérios despertam quais sentimentos?
- Sepultar as pessoas em um espaço próprio significa compreender o cuidado com elas após a morte? Por que isso ocorre?
- Vocês diriam que o espaço do cemitério é um ambiente que contribui para o entendimento do sentido da vida?
- Ao visitar um cemitério, as pessoas acessam memórias e lembranças de seus entes queridos. Vocês diriam que isso contribui para realizarem uma análise pessoal de vida? Justifique a sua resposta.

IMPORTANTE

Oriente a criatividade das apresentações dos grupos observando as possibilidades que a realidade confere.

Após as apresentações dos grupos, faça uma análise coletiva sobre o resultado das conversas destacando quais aspectos ampliam a percepção sobre a relação entre vida e morte.

APROPRIAÇÃO E RESSIGNIFICAÇÃO

Mencione que a transição da vida para a morte constitui um dos ritos de passagem que, junto aos demais, marcam as fases da vida. Ao longo dos tempos, o ser humano foi modificando sua forma de se relacionar com a morte, especialmente no que se refere a cuidar e sepultar seus mortos. Isso pode ser observado nas estruturas propostas de alguns cemitérios que passam unicamente a ideia de beleza acerca da vida favorecendo a não percepção de ser um espaço relacionado à morte.

Promova uma roda de conversa a partir dos questionamentos:

- O ser humano é ciente de sua finitude. Como a maioria das pessoas lida com essa realidade?
- É mais comum pensar na morte – seja a sua, seja a de alguém próximo – ou negá-la?

Comente que alguns pesquisadores dizem que, por temer a morte, o ser humano criou recursos para lidar com ela. Proponha aos estudantes a organização de uma lista das diversas formas que o ser humano encontrou para lidar com a morte a partir de uma pesquisa breve e dos conhecimentos que eles já possuem – de outros componentes e/ou de livros, artigos e notícias a que tiveram acesso. Essa lista pode ser organizada contendo os seguintes elementos:

- Como eram cuidadas as pessoas enfermas no passado e como esses cuidados acontecem atualmente.
- Em que lugar as pessoas eram veladas ao falecerem e como são veladas atualmente.
- Como e por quem os cuidados com o cadáver eram realizados em comparação com o que acontece atualmente.
- A relação entre a morte e o medo.
- O rito funerário e seu significado simbólico e religioso.

Após organizarem a lista, os estudantes podem socializar com os colegas de turma. Oriente que, coletivamente, reúnam as informações em uma lista única. Ofereça uma folha de papel kraft para facilitar a visualização e participação de todos.

ATIVIDADE AVALIATIVA

Oriente os estudantes a lerem as expressões no quadro de palavras e, a partir do estudo, escreverem individualmente uma síntese da trilha de aprendizagem que realizaram até então.

MORTE — VALOR DA VIDA — VALORES — CULTURA — MEDO — RELIGIÃO — MEMÓRIA — AMOR — RESPEITO — CEMITÉRIOS — CUIDAR

Espaços sagrados

Valeska Freman B. Freitas Silveira[27]

São diversos os conceitos referentes a espaços sagrados, porém a compreensão mais consensual entre as diferentes áreas do conhecimento e linhas de pesquisa é a de que os espaços sagrados são aqueles onde os seres humanos estabelecem uma conexão consigo, com o outro e com o divino. Essa conexão se manifesta por meio da cultura, da crença ou da religião. Nesse sentido, os espaços sagrados são carregados de simbolismos, de história e memórias, de modo a transformarem um ambiente ou território comum em lugar de identidade e participação com a comunidade a qual pertencem.

Nos espaços sagrados, as pessoas que têm fé recarregam as suas energias e suas esperanças. No entanto, no decorrer da história, a ocupação dos espaços sagrados tem sido motivo de muitos conflitos de ordem política, econômica e religiosa, daí a necessidade de retomarmos a importância desses espaços para as diferentes tradições religiosas e

27 Doutora e mestra em Ciências da Religião pela Pontifícia Universidade Católica de São Paulo (PUC-SP); bacharela e licenciada em História (PUC-SP). Professora de Ensino Religioso no Ensino Fundamental II e Ensino Médio. Conferencista e professora de curso de Especialização em

de respeitá-los como merecem, fiéis também ao artigo 18 da Declaração Universal dos Direitos Humanos[28]:

> Toda a pessoa tem direito à liberdade de pensamento, de consciência e de religião; este direito implica a liberdade de mudar de religião ou de convicção, assim como a liberdade de manifestar a religião ou convicção, sozinho ou em comum, tanto em público como em privado, pelo ensino, pela prática, pelo culto e pelos ritos.

A seguir, indicamos algumas referências que podem favorecer o trabalho pedagógico com essa faixa etária.

REFERÊNCIAS

DESINSTITUTE. *Declaração Universal dos Direitos Humanos*: como surgiu e o que propõe? 10 dez. 2021. Disponível em: https://desinstitute.org.br/noticias/declaracao-universal-dos-direitos-humanos-como-surgiu-e-o-que-defende/. Acesso em: 18 fev. 2024.

GIL FILHO, S. F. O sagrado e a religião. *Dia a dia educação*, [c2023]. Disponível em: http://www.educadores.diaadia.pr.gov.br/arquivos/File/2010/artigos_teses/ENSINORELIGIOSO/artigos/o_sagrado_e_a_religiao.pdf. Acesso em: 18 fev. 2024.

GROSS, E. Contribuição das definições do sagrado de Rudolf Otto e Mircea Eliade para o estudo da literatura. *Revista Graphos*, v. 19, n. 1, UFPB/PPGL, 2017. Disponível em: https://periodicos.ufpb.br/index.php/graphos/article/view/35011/17848. Acesso em: 18 fev. 2024.

Ciências da Religião da Controladoria Geral de Especialização (Cogeae – PUC-SP). Autora de coleção de livros didáticos do Ensino Religioso. Foi membro do Grupo de Estudos Religião e Gênero no Brasil.

28 ONU – ORGANIZAÇÃO DAS NAÇÕES UNIDAS. *Declaração Universal dos Direitos Humanos*. Adotada e proclamada pela Assembleia Geral das Nações Unidas (resolução 217 A III) em 10 de dezembro 1948. Disponível em: https://www.unicef.org/brazil/declaracao-universal-dos-direitos-humanos. Acesso em: 18 fev. 2024.

ROTEIRO 01

Título/tema	Espaços sagrados
Unidade temática	Identidades e alteridades.
Objeto(s) de conhecimento	Espaços e territórios religiosos.
Objetivo(s) de aprendizagem	• Reconhecer os diferentes espaços e territórios religiosos de diferentes tradições e movimentos religiosos. • Identificar as diferenças que caracterizam os espaços e os territórios religiosos como locais (natureza, templos e cidades) de realização das práticas celebrativas. • Relacionar os aspectos que caracterizam um espaço sagrado no Brasil e no mundo. • Associar os espaços sagrados a lugares de experiência humana com o sagrado. • Relacionar as características arquitetônicas dos espaços sagrados com a identidade de suas respectivas tradições religiosas e movimentos religiosos. • Analisar processos políticos, econômicos, sociais, ambientais e culturais nos âmbitos local, regional, nacional e mundial em diferentes tempos, a partir de procedimentos epistemológicos e científicos, de modo a compreender e posicionar-se criticamente com relação ao respeito aos espaços sagrados.
Previsão de horas/ aula(s)	Seis horas/aulas.
Recursos	• Equipamento de projeção multimídia com acesso à internet. • Preparar slides com os conceitos de espaços sagrados desenvolvidos pelos estudiosos das religiões Rudolf Otto, Mircea Eliade e Émile Durkheim, com imagens representativas. • Sistematizar a apresentação de slides em um material impresso para entregar aos estudantes.

Recursos	• Vídeo no qual o professor Dr. Mac Dowell fala sobre o mini-curso "Eliade – O sagrado e o profano", realizado na Faculdade Jesuíta de Filosofia e Teologia (Faje), para apresentar conceitos básicos aos estudantes (disponível na internet). • Vídeo "Espaços sagrados: os significados dos locais de cultos", produzido por Realejo Filmes e dirigido por Marcelo Machado (TV Brasil, 2016) – disponível na internet. • Acesso dos estudantes a ferramentas digitais, como Canva ou PowerPoint, para organizarem informações a serem apresentadas aos colegas. • Providenciar a Declaração dos Direitos Humanos de 1948 em formato digital ou impresso para apresentá-la aos estudantes, com ênfase no artigo 18. • Roteiro para a pesquisa em grupos. • Acesso dos estudantes à ferramenta Jamboard, para organizarem os resultados da pesquisa em um post. • Vídeo "Cultura e sagrado", produzido pela MultiRio (2017) – disponível na internet. • Papel kraft ou recursos digitais para a produção da nuvem de palavras, de acordo com a realidade.

OBSERVAÇÃO

Sugere-se realizar um trabalho interdisciplinar com História e Geografia para explorar as temáticas relativas aos espaços sagrados no tocante aos aspectos associados a crenças no tempo histórico e geográfico, correlacionando passado e presente.

Atividade mobilizadora

Prepare slides com os conceitos de espaços sagrados desenvolvidos pelos estudiosos das religiões Rudolf Otto, Mircea Eliade e Émile Durkheim, com imagens representativas, e os apresente para os estudantes.

IMPORTANTE

Organize os conceitos apresentados em um material impresso para entregar aos estudantes como referência a atividades futuras.

Apresente o vídeo no qual o professor Dr. Mac Dowell fala sobre o minicurso "Eliade – O sagrado e o profano", realizado na Faculdade Jesuíta de Filosofia e Teologia (Faje), apresentando conceitos básicos sobre o tema.

VÍDEO

PROF. DR. MAC DOWELL "Eliade – O sagrado e o profano". 1 vídeo (10:45 min.), 2016. Publicado pelo canal Faculdade Jesuíta.

Oriente os estudantes a, em grupos, identificarem e registrarem as diferenças e semelhanças entre os autores Rudolf Otto, Mircea Eliade e Émile Durkheim sobre o conceito de "espaço sagrado". Retome as respostas dos estudantes e promova um bate-papo sobre o tema.

Sugestão de textos para contribuir com as argumentações do professor:

SUGESTÕES DE LEITURA

ELIADE, M. *O sagrado e o profano.* São Paulo: Martins Fontes, 1992.

PEREIRA, C. J.; GIL FILHO, S. F. Geografia da religião e espaço sagrado: diferenças entre as noções de lócus material e conformação simbólica. *Revista Ateliê Geográfico*, v. 6, n. 1, abr. 2012. Disponível em: https://revistas.ufg.br/atelie/article/view/18760/11019. Acesso em: 18 fev. 2024.

IDENTIFICAÇÃO E ANÁLISE

Converse com os estudantes sobre os espaços sagrados – templos, terreiros, sinagogas, encruzilhadas e outros – como lugares onde as pessoas buscam se conectar com o divino. Destaque o fato de haver simbolismos nesses espaços.

VÍDEO

TV BRASIL. Espaços sagrados: os significados dos locais de cultos 1 vídeo (52 min.), 17 jul. 2016.

Apresente aos estudantes o vídeo "Espaços sagrados: os significados dos locais de cultos", produzido por Realejo Filmes e dirigido por Marcelo Machado. Comente que o vídeo pertence à série "Entre o Céu e a Terra", veiculada pela TV Brasil (2016).

A partir do vídeo, proponha aos estudantes a elaboração de um painel com as informações dos representantes das diversas culturas e tradições religiosas. Para compor o painel, pode-se organizar os estudantes em grupos e definir uma tradição religiosa para cada um, solicitando que apresentem:

- Como a tradição define o seu espaço sagrado.
- O que se faz no espaço sagrado.
- Quais símbolos e pessoas são mencionados como importantes para esse espaço sagrado.
- Quais atividades são desenvolvidas nesses espaços.
- Entre outros aspectos possíveis de se eleger a partir do conteúdo no vídeo.

Oriente os estudantes a apresentarem as informações usando ferramentas digitais, como Canva ou PowerPoint. Caso não seja possível, sugere-se o uso de papel kraft.

Após a produção dos grupos, oriente-os a unirem as informações para comporem o painel que poderá ter como título "As tradições religiosas e seus espaços sagrados".

Apresente em forma de vídeo e/ou texto a Declaração dos Direitos Humanos de 1948, dando ênfase ao artigo 18 referente ao direito à liberdade de pensamento, consciência e religião. Suscite perguntas que promovam uma reflexão sobre a gravidade dos conflitos relatados no vídeo já apresentado: "Espaços sagrados: os significados dos locais de cultos" (TV Brasil, 2016). Converse sobre a questão do respeito às tradições religiosas e seus respectivos espaços sagrados.

Sugestões de leituras para contribuir com o professor e/ou com os estudantes no desenvolvimento da atividade proposta na sequência:

SUGESTÕES DE LEITURA

ARMSTRONG, K. *Jerusalém*: uma cidade, três religiões. São Paulo: Companhia de Bolso; Edição de Bolso, 2011.

ONU – ORGANIZAÇÃO DAS NAÇÕES UNIDAS. *Declaração Universal dos Direitos Humanos.* Adotada e proclamada pela Assembleia Geral das Nações Unidas (resolução 217 A III) em 10 de dezembro 1948. Disponível em: https://www.unicef.org/brazil/declaracao-universal-dos-direitos-humanos. Acesso em: 18 fev. 2024.

VÍDEOS

Pode-se apresentar aos estudantes os vídeos a seguir para contribuir ao seu entendimento sobre as três religiões – cristianismo, islamismo e judaísmo –, bem como sobre o espaço geográfico que as configura no cenário de Jerusalém.

JERUSALÉM – Geógrafo faz um tour pela Cidade Velha. 1 vídeo (12:05 min.), 2016. Publicado pelo canal Terra Negra.

ISRAEL 2022 – Jerusalém, Cidade Velha, o Bairro Cristão. 1 vídeo (5:46 min.), 2022. Publicado pelo canal ISRAEL Viaje – Melhores lugares na Terra Santa.

Organize os estudantes em grupos e entregue a cada grupo o roteiro a seguir, explicando a pesquisa que deverão realizar:

a. Quais os espaços considerados sagrados na Cidade Velha de Jerusalém para judeus, muçulmanos e cristãos? Pesquise as razões históricas, religiosas e culturais que justificam a sacralidade desses espaços para seus adeptos.

b. Relacione as festividades religiosas de muçulmanos e israelenses com os respectivos espaços sagrados.

c. Pesquise uma reportagem que apresente uma situação de desrespeito a espaços sagrados ocorrida no Brasil. Relacione a reportagem com o artigo 18 da Declaração Universal dos Direitos Humanos.

Oriente os grupos a organizarem os resultados da pesquisa em um post, utilizando a ferramenta Jamboard. Peça que o conteúdo pesquisado sobre os espaços sagrados na Cidade Velha de Jerusalém para judeus, muçulmanos e cristãos seja ilustrado com imagens acompanhadas de legendas. Solicite que ilustrem, também, a situação de desrespeito a espaços sagrados no Brasil.

APROPRIAÇÃO E RESSIGNIFICAÇÃO

Mencione o fato de o sagrado ser objeto de pesquisa de diversas áreas de conhecimento, como filosofia, psicologia, sociologia, antropologia, ciências da religião e outras, que investigam como acontece a experiência religiosa em diferentes culturas.

Destaque a relação entre cultura e sagrado como algo que advém das experiências do passado e caracteriza a diversidade de vivenciá-lo. No entanto, apesar de cada cultura e tradição religiosa ter um modo próprio de realizar a sua experiência com o sagrado, há entre elas alguns elementos comuns.

Proponha aos estudantes assistirem ao vídeo "Cultura e sagrado" (2017), produzido pela Empresa Municipal de Multimeios da Prefeitura do Rio de Janeiro (MultiRio), vinculada à Secretaria Municipal de Educação.

VÍDEO

MULTIRIO. Cultura e sagrado. 1 vídeo (12:04 min.), 2017.

Solicite que os estudantes produzam coletivamente uma nuvem de palavras, elencando os elementos comuns no modo como diferentes povos e culturas vivem suas experiências de relação com o sagrado. Oriente-os, também, a identificarem essas experiências indicando se são rituais, festas, cerimônias e afins.

Disponibilize papel kraft para a produção da nuvem de palavras ou providencie o acesso a recursos digitais, de acordo com a realidade. Explique que na nuvem devem surgir palavras como: silêncio; natureza; dança; música; indumentárias; símbolos; festas; rituais; cerimônias...

Após a produção da nuvem, observe com os estudantes em quais espaços essas expressões de relação com o sagrado se realizam.

ATIVIDADE AVALIATIVA

Solicite aos estudantes a produção de um texto-síntese contemplando as principais ideias vistas no estudo.

ROTEIRO 02

Título/tema	Espaços sagrados
Unidade temática	Identidades e alteridades.
Objeto(s) de conhecimento	Espaços e territórios religiosos.
Objetivo(s) de aprendizagem	• Reconhecer os diferentes espaços e territórios religiosos de diferentes tradições e movimentos religiosos. • Identificar as diferenças que caracterizam os espaços e os territórios religiosos como locais (natureza, templos e cidades) de realização das práticas celebrativas. • Relacionar os aspectos que caracterizam um espaço sagrado no Brasil e no mundo. • Associar os espaços sagrados a lugares de experiência humana com o sagrado. • Analisar processos políticos, econômicos, sociais, ambientais e culturais nos âmbitos local, regional, nacional e mundial em diferentes tempos, a partir de procedimentos epistemológicos e científicos, de modo a compreender e posicionar-se criticamente com relação ao respeito aos espaços sagrados.
Previsão de horas/aula(s)	Seis horas/aulas.
Recursos	• Equipamento de projeção multimídia com acesso à internet. • Textos impressos, trechos de reportagens e slides com dados sobre o Santuário Nacional de Nossa Senhora da Conceição Aparecida para apresentar aos estudantes. • Vídeo "Como uma peregrinação pode mudar sua vida" (Natrilhas, 2020) – disponível na internet. • Reportagem "Pontos-chave para entender o atual conflito em Gaza: a atual escalada entre o Exército israelense e o Hamas alcança o maior nível de violência desde 2014", de *Jornal El País* (2021), para leitura dos estudantes – disponível na internet. • Fichas com o mapa-múndi impresso e atividades indicadas no roteiro para os grupos responderem. • Mapa-múndi para projetar aos estudantes. • Providenciar os recursos para que os estudantes registrem a definição e a importância de espaços sagrados – no roteiro, foram sugeridas diferentes formas de registro. • Acesso dos estudantes a ferramentas digitais, como Google e Canva, para a produção de um mapa conceitual.

OBSERVAÇÃO

Para abordar a temática sobre os espaços sagrados, sugere-se realizar um trabalho interdisciplinar com o componente História. Nessa proposta, o Ensino Religioso desenvolve os conteúdos relacionados às temáticas sobre os espaços sagrados no Brasil e no mundo, com ênfase na Cidade Velha de Jerusalém, e o componente História explora a temática relacionada à fundação do Estado de Israel e aos conflitos entre judeus e palestinos após esse período.

Atividade mobilizadora

Realize uma roda de conversa sobre os elementos que compõem as características de uma cidade e/ou país destacando informações pelas quais as pessoas no mundo os conhecem e procuram visitá-los, tais como: aspectos geográficos, históricos, religiosos, artísticos, entre outros.

Motive os estudantes a citarem exemplos de espaços sagrados, no Brasil e no mundo, de diferentes tradições religiosas. Questione quais os critérios que determinam o que é um lugar é sagrado e exemplifique: lugar de nascimento de um profeta ou líder religioso; onde aconteceu um fato histórico importante para a tradição religiosa; onde foi realizada alguma experiência religiosa relevante, como uma revelação de Deus ou deuses; lugar citado em textos sagrados; entre outros. Peça aos estudantes que registrem os critérios levantados pela turma no caderno, enfatizando que esses critérios que definem como sagrado um determinado lugar serão um dos principais focos do estudo, por isso essas anotações serão retomadas em momentos oportunos.

Mencione que a cidade de Aparecida, no Vale do Paraíba (SP), é muito visitada pelas pessoas por ser onde há o segundo maior santuário católico dedicado à mãe de Jesus, Maria.

Apresente aos estudantes textos impressos, slides e trechos de reportagens com dados sobre o Santuário Nacional de Nossa Senhora da Conceição Aparecida, destacando aspectos históricos do lugar, o motivo de receber esse nome, a organização dos espaços e os elementos artísticos presentes no espaço – como mosaicos, estátuas e painéis – enquanto fatores que contribuem para que as pessoas possam fazer suas orações e manifestar a sua fé.

Destaque que a cidade de Aparecida é um dos tradicionais destinos de peregrinação do Brasil, recebendo romeiros desde o século XVIII, quando surgiu o culto a Nossa Senhora Aparecida, motivado por uma pequena imagem mariana em terracota, recolhida quebrada na rede de três pescadores nas águas do Rio Paraíba em 1717.

A partir de então, o número de fiéis e peregrinos, pessoas que fazem a caminhada à cidade de Aparecida, aumenta a cada ano. Uma das rotas de peregrinação mais famosa é o "Caminho da fé", inaugurada no ano de 2003 e criada para favorecer aos peregrinos uma estrutura melhor.

Sobre a peregrinação e suas motivações, apresente o vídeo "Como uma peregrinação pode mudar sua vida" (Natrilhas, 2020).

VÍDEO

COMO uma peregrinação pode mudar sua vida. 1 vídeo (6:28 min), 2020. Publicado pelo canal Natrilhas.

A partir do vídeo, converse com os estudantes sobre os seguintes aspectos:

- O que diz para vocês a afirmação: "no caminho todo mundo é igual"? Nessa afirmação, vocês identificam o que é ser diferente?
- Quando vocês pensam nos caminhos que já percorreram, conseguem relacionar pessoas que se tornaram importantes em suas vidas? Por que isso aconteceu?
- Quais são os motivos mencionados no vídeo que mais chamaram atenção? Por quê?

Explore com os estudantes questões relacionadas a crenças que fazem com que as pessoas adotem a peregrinação como um meio de manifestação da fé. Explique que na prática da peregrinação as pessoas também tendem a refletir sobre: seu propósito de vida, necessidades de desapego, compreensão do que é essencial, adversidades e superações, conexão com o presente e com as pessoas, entre outras questões possíveis – incentive os estudantes a elencarem outras reflexões que a peregrinação pode despertar.

IDENTIFICAÇÃO E ANÁLISE

Convide os estudantes a realizarem a leitura da reportagem "Pontos-chave para entender o atual conflito em Gaza: a atual escalada entre o Exército israelense e o Hamas alcança o maior nível de violência desde 2014", de *Jornal El País* (2021), acessando o *QR Code*.

SUGESTÃO DE LEITURA

Após a leitura, conduza a análise sobre as questões religiosas que fazem com que as pessoas se desloquem para espaços denominados sagrados. Motive os estudantes a identificarem as crenças envolvidas nesse processo, isto é, o que faz as pessoas se exporem para manifestar a sua crença, para cumprir um preceito religioso. Para realizar essa reflexão, sugere-se:

- Organizar os estudantes em grupos. Todos do grupo receberão a reportagem "Pontos-chave para entender o atual conflito em Gaza: a atual escalada entre o Exército israelense e o Hamas alcança o maior nível de violência desde 2014" (*Jornal El País*, 2021) e uma ficha única com questões que deverão ser respondidas a partir da interpretação do artigo. Na ficha, poderão constar as seguintes atividades:
    - Localizar no mapa-múndi, impresso na ficha, todos os países e cidades citados na reportagem.

- Resumir os cinco pontos-chave que ajudam a compreender o conflito na Faixa de Gaza:

1. O que provocou o atual conflito?
2. Qual a relação entre espaços sagrados e os enfrentamentos na região?
3. Quais grupos estão em confronto no momento e quais as suas posições diante do conflito (líderes políticos e religiosos, tradições religiosas, grupos radicais)?
4. Quais danos o conflito causou?
5. Quais as perspectivas de trégua? Quais os cenários possíveis para o futuro?

Pergunte para a turma, de modo geral, o que acharam da reportagem e o que mais chamou atenção.

Organize os grupos para a partilha dos registros efetuados nas fichas a partir análise da reportagem. Oriente que cada grupo responda e explique uma das questões-chave, de modo que os demais grupos complementem com as suas abordagens.

Projete o mapa-múndi para, junto aos estudantes, ir sinalizando países e cidades citados na reportagem. Problematize as questões geopolíticas.

Ressalte que o espaço sagrado é o local onde as pessoas professam a sua crença e/ou realizam a sua conexão com sua dimensão espiritual.

APROPRIAÇÃO E RESSIGNIFICAÇÃO

Converse com os estudantes sobre qual o conceito de espaço sagrado que o estudo retrata. Peça que retomem as anotações realizadas com base no estudo e verifiquem quais são os critérios observados que definem os elementos que caracterizam e definem um espaço como sagrado.

Proponha a realização de um registro da definição e da importância de espaços sagrados, enfatizando o respeito necessário para que esses lugares sejam tão respeitados quanto as tradições religiosas às quais pertencem. Esse registro pode ser elaborado a partir de um desenho, um vídeo-minuto, um mural ilustrado, uma frase, capaz de expressar a trilha de aprendizagem do estudo. Incentive os estudantes a apresentarem seus registros e comentarem como esse conhecimento pode ser utilizado no seu cotidiano.

ATIVIDADE AVALIATIVA

Oriente os estudantes a elaborarem um mapa conceitual, utilizando ferramentas digitais como Google e Canva, a partir do seguinte título: "Lugares sagrados: definição e características". Oriente-os a consultarem os materiais que produziram durante o estudo.

Comunidades indígenas e manifestações religiosas

Valeska Freman B. Freitas Silveira[29]

É importante promover uma reflexão sobre as especificidades das manifestações religiosas dos povos indígenas, incluindo a observação de como a sua espiritualidade se expressa no cotidiano e nas suas relações com a natureza. A partir da análise de conteúdos que retratam a realidade de diferentes etnias indígenas brasileiras, é possível conhecer as manifestações religiosas dos indígenas brasileiros e compreender, por meio de suas crenças, ritos, danças, cantos, indumentárias e afins, as suas cosmovisões de mundo, de divindades e da natureza, bem como os conflitos e os desafios que enfrentam desde a colonização. No estudo das manifestações religiosas dos povos indígenas, convém conduzir os estudantes a conhecerem um pouco mais de seus saberes para observá-los em sua relação direta com suas manifestações religiosas que se realizam no cotidiano e nos momentos especiais, principalmente no cuidado com a natureza, com a comunidade e com a Terra, nossa casa comum.

A seguir, indicamos algumas referências que podem favorecer o trabalho pedagógico com o estudo dessa temática:

29 Doutora e mestra em Ciências da Religião pela Pontifícia Universidade Católica de São Paulo (PUC-SP); bacharela e licenciada em História (PUC-SP). Professora de Ensino Religioso no Ensino Fundamental II e Ensino Médio. Conferencista e professora de curso de Especialização em Ciências da Religião da Controladoria Geral de Especialização (Cogeae – PUC-SP). Autora de coleção de livros didáticos do Ensino Religioso. Foi membro do Grupo de Estudos Religião e Gênero no Brasil.

REFERÊNCIAS

KOPENAWA, D.; ALBERT, B. *A queda do céu*: palavras de um xamã yanomami. São Paulo: Companhia das Letras, 2015.

CUNHA, M. C. da; BARBOSA, S. R. (org.). *Direitos dos povos indígenas em disputa*. São Paulo: Unesp, 2018.

RIBEIRO, D. *Os índios e a civilização*: a integração das populações indígenas no Brasil moderno. 7. ed. São Paulo: Global, 2017.

ROTEIRO

Título/tema	Comunidades indígenas e manifestações religiosas
Unidade temática	Manifestações religiosas.
Objeto(s) de conhecimento	• Sentimentos e memórias. • Práticas celebrativas. • Indumentárias religiosas. • Ritos. • Símbolos. • Representações religiosas na arte.
Objetivo(s) de aprendizagem	• Valorizar e respeitar as distintas experiências e manifestações religiosas. • Identificar as comunidades indígenas e suas crenças a partir de uma perspectiva heterogênea, multicultural e religiosa. • Reconhecer as manifestações religiosas enquanto expressão de valores, crenças, lutas e modo de ver a vida. • Associar as manifestações religiosas indígenas a práticas distintas, de acordo com a identidade da aldeia. • Identificar o papel social e religioso de homens, mulheres, velhos, crianças e pajés nas comunidades indígenas. • Relacionar os desafios atuais dos povos indígenas brasileiros a partir da cinematografia em diálogo com outras fontes.
Previsão de horas/aula(s)	Seis horas/aulas.

Recursos	• Equipamento de projeção multimídia com acesso à internet. • Vídeo "Tradições indígenas – Guaranis | Retratos de Fé", produzido pela TV Cultura (2019) – disponível na internet. • Providenciar um roteiro de condução do debate proposto. • Papel kraft ou outros recursos para o mural coletivo a ser fixado na sala, composto dos achados das pesquisas dos estudantes. • "Carta do cacique Seatle" (1854) para apresentar aos estudantes – disponível na internet. • Disponibilizar aos estudantes acesso a recursos digitais para a elaboração de um mapa mental. • Artigo "Cosmovisão indígena: criação, encarnação e saída deste mundo", de Justino Sarmento Rezende, do povo Ʉhtãpinopona-Tuyuka, publicado na *Revista Digital IHU* (2018), para apresentar aos estudantes – disponível na internet. • Roteiro para orientar os estudantes na produção de um vídeo-minuto, conforme a realidade da escola.

OBSERVAÇÃO

Pode-se propor um trabalho interdisciplinar com os componentes de História e Geografia. Para isso, distribua objetivos para cada componente envolvido: ao Ensino Religioso, desenvolver atividades que possibilitem os estudantes conhecerem, valorizarem e respeitarem as distintas experiências e manifestações religiosas dos povos indígenas brasileiros; à História, desenvolver a temática relacionada ao resgate da história das invasões em territórios indígenas, dos tempos dos descobrimento até os dias atuais, enfatizando o processo de dizimação dos povos indígenas; à Geografia, localizar as diferentes etnias indígenas no território brasileiro, ampliando o entendimento da situação regional dessas etnias com relação às realidades políticas indigenistas e aos marcos legais para reconhecimento de seus territórios, de modo a também analisar a situação dos povos isolados na América do Sul.

Atividade mobilizadora

Apresente e proponha aos estudantes trabalharem o tema "Comunidades indígenas e manifestações religiosas: experiência de fé e resistência". Para isso, providencie a exibição do documentário "Tradições indígenas – Guaranis | Retratos de Fé", produzido pela TV Cultura, aos estudantes.

VÍDEO

TRADIÇÕES INDÍGENAS – Guaranis | Retratos de Fé. 1 vídeo (25:37 min.), 2019. Publicado pelo canal TV Cultura.

No vídeo, o estudante terá acesso a informações sobre a pequena aldeia indígena Jaraguá, em São Paulo, na qual as famílias lutam para manter as tradições Guaranis. Nessa comunidade, existe o hábito de, a cada noite, as pessoas se reunirem para cultuar Nhanderú. No vídeo, encontram-se as explicações sobre os principais rituais dos Guaranis, alguns de seus símbolos e como realizam algumas de suas práticas para fazerem a experiência religiosa e manifestarem as suas crenças.

Após a apresentação do vídeo, oriente os estudantes a observarem e registrarem no caderno os seguintes aspectos:

- A importância das manifestações religiosas para os Guaranis, onde e como elas são realizadas.
- O papel dos homens, das mulheres, das crianças, dos mais velhos e do pajé nas manifestações religiosas.
- Quem é Nhanderú? O que ele representa para a comunidade Guarani?
- A relação entre doença e religião.
- Os elementos que fazem parte das manifestações religiosas.
- A relação entre o nome, calendário de festas, as manifestações religiosas e a identidade dos povos Guaranis.

Após os registros, solicite que os estudantes se organizem de modo circular para iniciarem um debate sobre a importância das manifestações religiosas aos Guaranis. Providencie um roteiro de condução do debate que considere os aspectos já analisados pelos estudantes e outras questões que, a partir do documentário, podem ter se destacado entre eles. O debate pode ser coordenado pelo professor ou por um grupo de estudantes, previamente orientado.

IDENTIFICAÇÃO E ANÁLISE

Comente com os estudantes que por "cosmovisão" se compreende a cultura de indivíduos e/ou grupos sociais que caracteriza seu modo de pensar, sentir e viver. Mencione que, entre os povos indígenas, cada etnia tem sua própria cosmovisão, pois ela também se constitui na sua relação com o ambiente de pertença e com as suas crenças. Entre todas elas, contudo, há em comum o fato de que para os povos indígenas o ser humano e a natureza estão interconectados, de modo que a natureza deve ser preservada, e a sustentabilidade, valorizada.

Oriente os estudantes que pesquisem reportagens que apresentem os conflitos que comunidades indígenas brasileiras têm vivido na contemporaneidade. Oriente-os na seleção de fontes de pesquisa confiáveis, principalmente na internet, e solicite que analisem com criticidade nas reportagens: fonte, data, autor, título, tema central, aldeia(s) referida(s) e conflito(s) apresentado(s).

Encaminhe os trabalhos orientando os estudantes a organizarem o material de pesquisa em um mural coletivo a ser fixado na sala. Providencie papel kraft ou outros recursos para a confecção do mural.

SUGESTÃO

O mural pode ser interativo, isto é, atualizado com notícias durante todo o estudo. Para isso, deixe espaço para os estudantes incluírem dados novos sempre que possível.

Em uma roda de conversa, promova um momento para os estudantes apresentarem as reportagens pesquisadas. Medeie esse processo complementando informações e problematizando as reportagens apresentadas, de modo a desafiar os estudantes a relacionarem os conteúdos com as dimensões políticas, econômicas e religiosas das comunidades em análise.

Para ilustrar a relação de conflitos entre indígenas e brancos, pode-se propor a leitura da carta do cacique Noah Sealth, conhecido como Chefe Seatle, dirigida ao então presidente dos Estados Unidos que desejava comprar as terras das tribos Suquamish e Duwamish oferecendo como concessão outra "reserva indígena". O cacique, chefe das duas tribos, diante da oferta, proferiu um discurso, conhecido como a "Carta do cacique Seatle" (1854), na qual manifestou preocupação, amor e respeito pela terra, saindo em defesa do meio ambiente e da natureza. Para apresentar a carta, acesse o *QR Code*.

SUGESTÃO DE LEITURA

Após a leitura da "Carta do cacique Seatle" (1854), oriente os estudantes a produzirem um mapa mental identificando aspectos que se configuram como manifestações religiosas e cosmovisão indígena. Depois, converse com os estudantes sobre o que nessa carta é atual ou não acerca dos cuidados necessários com as culturas indígenas e seus territórios.

IMPORTANTE

Disponibilize aos estudantes o acesso a recursos digitais para a elaboração do mapa mental.

APROPRIAÇÃO E RESSIGNIFICAÇÃO

Organize os estudantes em dois grupos e disponibilize o texto "Cosmovisão indígena: criação, encarnação e saída deste mundo", de Justino Sarmento Rezende, do povo Ʉhtãpinopona-Tuyuka, publicado na *Revista Digital IHU* (2018).

SUGESTÃO DE LEITURA

Peça para os grupos lerem e fazerem uma síntese das ideias principais para serem compartilhadas com a turma.

Oriente que os estudantes identifiquem no texto a seguinte questão:

- Quais as diferenças entre o multicriacionismo imanente das variadas sociedades indígenas em relação à visão criacionista de tradição judaico-cristã?

Oriente a partilha das percepções e finalize destacando a relação das manifestações religiosas indígenas com os elementos da natureza. Comente que essa relação se estabelece devido à compreensão dos povos indígenas de que a natureza e o divino mantêm uma conexão, de modo que nela se pode encontrar tudo o que é necessário ao bem viver.

ATIVIDADE AVALIATIVA

Solicite aos estudantes que expressem a trilha de aprendizagem por meio da produção de um vídeo-minuto, reunindo as ideias essenciais do estudo realizado. Oriente como fazê-lo segundo a realidade da escola.

Religião e vida pública: martírio ou sacrifício

Valeska Freman B. Freitas Silveira[30]

A relação entre religião, sociedade e esfera pública, observada principalmente a partir da análise de estudos de caso verídicos, permite reconhecer a importância de uma sociedade baseada em princípios plurais na cultura, na política, na religião e nos valores de vida. A necessidade de formar e preparar as gerações para valorizarem e respeitarem a liberdade de crença e pensamento de todos os povos como um dos Direitos Humanos, também instituído pelas tradições religiosas de modo geral, é essencial para instaurar princípios de convivência pacífica e outros que conduzem à experiência de coexistência. Portanto, ao se buscar compreender a presença da religião na dinâmica sociocultural, revela-se essencial o estudo dos Direitos Humanos e do fundamentalismo religioso que, por meio de grupos de radicais, influencia as relações de convivência com as diferenças. Conhecer como os conceitos são construções históricas de diferentes povos e tradições ao longo dos tempos, podendo variar de acordo com suas crenças e relações políticas, econômicas e sociais, possibilita entender melhor as singularidades das tradições religiosas e o impacto de suas ações no âmbito social e religioso.

30 Doutora e mestra em Ciências da Religião pela Pontifícia Universidade Católica de São Paulo (PUC-SP); bacharela e licenciada em História (PUC-SP). Professora de Ensino Religioso no Ensino Fundamental II e Ensino Médio. Conferencista e professora de curso de Especialização em Ciências da Religião da Controladoria Geral de Especialização (Cogeae – PUC-SP). Autora de coleção de livros didáticos do Ensino Religioso. Foi membro do Grupo de Estudos Religião e Gênero no Brasil.

A seguir, indicamos referências que podem favorecer o trabalho pedagógico com o estudo dessa temática.

REFERÊNCIAS

ARMSTRONG, K. *Em nome de Deus*: o fundamentalismo no judaísmo, no cristianismo e no islamismo. São Paulo: Companhia de Bolso; Edição de Bolso, 2009.

ASNIS, N. *Homem-Bomba*: o sacrifício das pulsões. São Paulo: Buqui, 2013.

MAUSS, M; HUBERT, H. *Sobre o sacrifício*. São Paulo: Cosac Naify, 2005.

PAPA BENTO XVI. Homilia de Celebração da Santa Missa na solenidade de Todos os Santos. 1 de novembro de 2006. *Vatican*. Disponível em: https://www.vatican.va/content/benedict-xvi/pt/homilies/2006/documents/hf_ben-xvi_hom_20061101_all-saints.html. Acesso em: 18 fev. 2024.

ROTEIRO

Título/tema	Religião e vida pública: martírio ou sacrifício
Unidade temática	Crenças religiosas e filosofias de vida.
Objeto(s) de conhecimento	Crenças religiosas e filosofias de vida (narrativas religiosas, ancestralidade e tradição oral).
Objetivos de aprendizagem	• Identificar os princípios e valores éticos nas atitudes das pessoas no espaço público. • Relacionar religião e ética a compromissos com o respeito à vida, dignidade humana e tolerância. • Reconhecer a importância de uma relação dialógica entre religião, política e sociedade de modo a promover uma vida com sentido, baseada em valores e princípios que a sustentam. • Reconhecer a importância de uma sociedade baseada em princípios plurais na cultura, na política, na religião e nos valores de vida. • Reconhecer e valorizar a liberdade de crença e de pensamentos de todos os povos como um direito instituído pelos Direitos Humanos e pela maioria das tradições religiosas. • Estabelecer a relação entre religião, sociedade e esfera pública.
Previsão de horas/aula(s)	Seis horas/aulas.
Recursos	• Equipamento de projeção multimídia com acesso à internet. • Links de vídeos e reportagens que apresentem os conceitos de suicídio, sacrifício ou martírio associados a religiões – sugestões no roteiro. • Folhas de papel A4 para os grupos. • Folha de papel kraft de tamanho suficiente para colar as folhas de papel A4 de cada grupo. • Textos de reportagens e afins de diferentes tradições religiosas que abordem o(s) conceito(s) de martírio, suicídio e/ou sacrifício, para distribuir a grupos de estudantes. • Providenciar roteiro para orientar a elaboração de um *podcast*, considerando a realidade da escola. • Acesso dos estudantes a uma ferramenta digital – Canva, Jambord, Mentimeter ou outra – para elaborarem uma reportagem, conforme a proposta da atividade avaliativa.

OBSERVAÇÃO

Atividade mobilizadora

Apresente o tema para os estudantes e convide-os a assistirem às reportagens:

VÍDEOS

ATAQUE homens-bomba. 1 vídeo (74 min.), 2011. Publicado pelo canal Jornalismo TV Cultura.

SENTIR na pele a Paixão de Cristo. 1 vídeo (70 min.), 2013. Publicado pelo canal AFP Português.

Após assistirem às reportagens, organize os estudantes em grupos e solicite que conversem sobre como cada um entende e/ou conhece os conceitos de sacrifício, martírio e suicídio. Oriente para, no decorrer da conversa, anotarem as principais ideias, apontarem exemplos de fatos reais (caso lembrem) e também para que registrem se identificam se há semelhanças e diferenças entre os conceitos, relacionando-os.

Convide os grupos a socializarem o resultado da conversa e alinhe as compreensões, produzindo com os estudantes um texto coletivo a partir das sínteses dos grupos sobre os conceitos, suas semelhanças e suas diferenças. Após a produção, questione quais as possíveis relações entre esses conceitos e a temática de "religião e sociedade".

IMPORTANTE

Faça um registro das respostas dos grupos e reserve-o para explorar no decorrer do estudo.

IDENTIFICAÇÃO E ANÁLISE

Solicite que os grupos se reúnam novamente e distribua entre eles diferentes vídeos e reportagens para que observem com atenção o conteúdo, analisando as informações e selecionando os dados principais.

SUGESTÃO

Para essa atividade, pode-se postar os vídeos e as reportagens no Chromebook, ou distribuir os links para que os estudantes acessem em seus smartphones pessoais.

Após analisarem os vídeos e as reportagens, solicite aos grupos que identifiquem se os conceitos de suicídio, sacrifício ou martírio aparecem e por quais motivos. A resposta deverá ser justificada citando trechos do vídeo e/ou da reportagem, com uma breve síntese sobre o material analisado. Oriente para que o registro das respostas dos grupos seja feito em folhas de papel A4, que deverão ser coladas em uma folha de papel kraft durante a apresentação dos grupos.

IMPORTANTE

Zele para que os vídeos tenham mais ou menos o mesmo tempo, para que os grupos terminem o trabalho em um intervalo semelhante.

Na sequência, apresentamos alguns vídeos e/ou reportagens que poderão contribuir para o trabalho proposto. Para isso, acesse os *QR Codes*:

VÍDEOS

ATENTADO de 11 de setembro completa 20 anos amanhã. 1 vídeo (5:02 min.), 10 set. 2021. Publicado pelo canal Jornalismo TV Cultura.

RENAN. O monge budista em chamas: a história por trás da icônica foto do Vietnã. Mundo sem fim, 17 jan. 2019.

COMEÇA julgamento de acusados dos ataques terroristas em Paris. 1 vídeo (2:10 min.), 10 set.

ATAQUE de mulher-bomba mata policial na Turquia. 1 vídeo (0:44 min.), 6 jan. 2015. Publicado pelo canal AFP Português.

06-04-1945 – COMEÇAM os ataques Kamikaze durante a Batalha de Okinawa. 1 vídeo (3:14 min.), 6 abr. 2016. Publicado pelo canal Hoje na Segunda Guerra Mundial.

Após a apresentação dos resultados obtidos pelos grupos, promova uma roda de conversa e oriente os estudantes na exploração das informações.

Problematize, juntamente aos estudantes, o que foi apresentado sobre os vídeos e/ou reportagens, buscando relacionar os conceitos (suicídio, sacrifício e martírio) às dimensões políticas, econômicas e religiosas das comunidades e realidades retratadas. Retome as anotações da conversa anterior com os estudantes sobre esses conceitos e analise se procedem ou se acrescentariam/mudariam algo que anteriormente disseram.

APROPRIAÇÃO E RESSIGNIFICAÇÃO

Explore com os estudantes o fato de no Brasil estarem separados o poder público (Estado) do poder religioso, visto ser um país laico. Essa separação indica que nas questões religiosas o Estado não atua e, da mesma maneira, as tradições religiosas não devem influenciar nas decisões do Estado. No entanto, tal situação é motivo de reflexões e debates, pois se o Estado e/ou as tradições religiosas de alguma maneira realizarem ações que prejudicam os Direitos Humanos, ferindo a dignidade da vida em suas diversas formas, ambos podem assumir atitudes de intervenção. As intervenções podem ocorrer com reuniões em que, por meio de diálogo e de projetos comuns, sejam eleitas as melhores opções que beneficiem toda a sociedade. Ainda, essas intervenções podem se dar também de modo mais agressivo e/ou radical, a depender dos acontecimentos e da flexibilidade dos envolvidos.

Solicite aos estudantes que relatem o que sabem de manifestações realizadas pelas tradições religiosas relacionadas a decisões do poder público. Converse com a turma sobre as motivações e divergências de opiniões que levaram essas manifestações a acontecerem. Explique que muitas pessoas realizam sacrifícios, passam pelo martírio ou até mesmo chegam ao suicídio como resultado de suas convicções pessoais, políticas e até religiosas. Destaque que, embora isso aconteça em muitas situações e realidades, as tradições religiosas buscam reduzir essas práticas e progressivamente ocupar espaços de melhor representação e participação na esfera pública e política.

Converse com os estudantes sobre os hábitos religiosos que influenciam a dinâmica sociocultural e cite exemplos de feriados religiosos, festas e rituais. Explore, a partir das proposições, os possíveis modos de se viver com os outros, convidando a perceber os elementos necessários para se respeitar as diferenças de cada um, sendo essa a melhor solução para a coexistência. No âmbito da coexistência, é importante destacar a importância de uma relação dialógica entre religião, política e sociedade, enfatizando que, por meio de ações, os líderes religiosos se mobilizam e trazem a público os valores e princípios de suas tradições para incentivar o respeito à diversidade, fortalecer a comunicação e o diálogo, reduzir a escalada da violência e intolerância, entre outros benefícios que os valores e princípios religiosos podem promover.

Converse com os estudantes sobre a atuação de pessoas representantes de tradições religiosas ou filosofias de vida que interferem na vida social da comunidade local e/ou mundial. Explore junto aos estudantes as ações socioculturais que envolvem o reconhecimento e o diálogo entre as tradições religiosas e sociedade, a política, como o envolvimento em programas e projetos sociais, a atuação na luta pelo reconhecimento do respeito à diversidade, entre outros. Analise com os estudantes as vivências das tradições religiosas com as questões relacionadas aos conceitos refletidos no estudo, principalmente a sua atuação junto a propostas de políticas públicas para preservar as pessoas, seus direitos e deveres, exercendo o seu protagonismo tendo como base seus valores e princípios.

Organize os estudantes em grupos, distribuindo ou sorteando uma tradição religiosa a cada um deles. Para cada grupo, conforme a tradição religiosa sorteada, disponibilize um texto no qual os conceitos de martírio, suicídio e sacrifício podem ser observados. É importante que esses conceitos, nos textos selecionados, sejam abordados a partir de experiências que se evidenciam na dinâmica da vida pública e que retratam a busca pelo direito à liberdade de expressão de crenças e valores defendidos por essas tradições religiosas.

Proponha aos estudantes a leitura de um texto previamente preparado pelo professor, contendo em suas abordagens os conceitos de martírio, de suicídio e de sacrifício, para que possam contribuir para fundamentar as análises durante o desenvolvimento da pesquisa proposta.

Solicite que, com base no texto-base entregue, cada grupo identifique como os conceitos de martírio, suicídio e sacrifício são abordados. Oriente a analisarem as situações em que as ações religiosas realizadas causam impactos no espaço público e influenciam o direito à diversidade de valores, crenças, concepções de mundo e de vida, inclusive podendo desenvolver conflitos locais e/ou mundiais com aqueles que pensam e/ou creem de modo diferente.

Dentre os textos, indicam-se alguns que podem ser disponibilizados aos grupos:

SUGESTÕES DE LEITURA

OLIVEIRA, O. de; HECK, E. Mártires da causa indígena. *Conselho Indigenista Missionário* (CIMI), 22 abr. 2022.

GONZAGA, P. *Mártires da Amazônia:* conheça quem deu a vida pela preservação da floresta. *A12*, 15 jul. 2021.

IQARAISLAM. *Qual o significado do martírio no Islam?* 8 fev. 2022.

PRESSE, F. *Papa Francisco denuncia 'martírio' da Ucrânia. G1*, 27 mar. 2022.

SIGNORINI, I. *Profecia e martírio na Igreja*: testemunhos dos padres da Igreja aos nossos tempos. *Vida Pastoral*, n. 270, ano 51, jan.-fev., 2010, p. 20-27.

MARTON, F. A mente do kamikaze: Para a maioria deles, as ações não eram movidas pelo fanatismo ao imperador – Conheça suas histórias. *Aventuras na História*, 6 set. 2019.

GERONAZZO, F. O que foi a chamada Era dos Mártires da Igreja? *O São Paulo*, 23 ago. 2021.

SUGESTÃO

Pode-se selecionar também textos do budismo, judaísmo e de outras tradições que tratem sobre os conceitos de martírio, suicídio e sacrifício.

Solicite que o resultado do trabalho seja apresentado em forma de *podcast*. Para isso, apresente aos grupos um roteiro para elaboração do *podcast*. Como sugestão para realizar essa orientação, sugere-se o vídeo que pode ser apresentado também para os estudantes visando ajudá-los na elaboração do projeto – acesse o *QR Code*.

VÍDEO

COMO FAZER um podcast: dicas para começar do zero | Hotmart Tips. 1 vídeo (4:10 min.), 2020. Publicado pelo canal Hotmart.

Reserve espaço e tempo para as apresentações e, depois, conduza os grupos à elaboração de um registro com as principais ideias desenvolvidas no decorrer do estudo. Solicite que destaquem como esse conhecimento pode contribuir ao entendimento da relação entre religião, sociedade e esfera pública.

ATIVIDADE AVALIATIVA

Oriente os estudantes a, em duplas, desenvolverem uma reportagem em uma ferramenta digital - Canva, Jambord, Mentimeter ou outra - para apresentar uma síntese do estudo realizado, contemplando frases selecionadas dos materiais analisados e refletidos em sala, como vídeos e/ou reportagens. Solicite que destaquem o impacto dos conceitos estudados considerando as dimensões religiosa, política e social de uma comunidade.

As reportagens produzidas poderão ser apresentadas à turma, de modo que selecionem algumas para divulgar no site ou murais da escola.

Místicas e espiritualidades

Valeska Freman B. Freitas Silveira[31]

O ser humano constantemente se vê diante de situações que requerem respostas a questões que o convocam a refletir sobre a existência. Nesse processo, progressiva e gradativamente, vai significando a sua realidade a partir de vivências que se configuram como essenciais para dar sentido a sua vida e encontrar a melhor maneira de vivê-la.

A procura por significar a própria existência conduz o ser humano a empreender esforços em seu autoconhecimento para definir os caminhos pelos quais quer seguir. Nesse sentido, suas escolhas podem se tornar um modo de responder às questões que o inquietam, e as suas vivências podem vir a caracterizar a sua identidade, enfatizando como compreende a vida, o seu sentir, e como interpreta as relações com seus semelhantes, com a natureza e com o transcendente.

A busca por significar e dar sentido à própria vida pode ser relacionada com as experiências místicas e de espiritualidade. Essas são duas dimensões que, embora se interconectem e façam parte das vivências do ser humano, apresentam, cada uma, suas especificidades e diferenças. Muitas pessoas associam a espiritualidade exclusivamente às práticas de oração, devoção e celebrações religiosas, mas a espiritualidade também pode ser compreendida como o grande desafio de se vivenciar

31 Doutora e mestra em Ciências da Religião pela Pontifícia Universidade Católica de São Paulo (PUC-SP); bacharela e licenciada em História (PUC-SP). Professora de Ensino Religioso no Ensino Fundamental II e Ensino Médio. Conferencista e professora de curso de Especialização em Ciências da Religião da Controladoria Geral de Especialização (Cogeae - PUC-SP). Autora de coleção de livros didáticos do Ensino Religioso. Foi membro do Grupo de Estudos Religião e Gênero no Brasil.

o conteúdo das orações, dos textos sagrados e das celebrações em experiências de vida. Conteúdos como "amor" e "justiça" são compreendidos na espiritualidade como compromissos a serem praticados na realidade, de modo que a espiritualidade seja um meio para o ser humano buscar construir um mundo melhor. Já a mística podemos relacionar com as experiências profundas com o sagrado, menos comprometidas com o conteúdo teórico e mais focadas em desvendar o "mistério" a partir da experiência religiosa. Experiências como as realizadas em ritos de iniciação, por meio de músicas, danças, gestos rituais, ingestão de bebidas e alimentos, imersão nos rios, mares ou até mesmo em uma piscina, entre outras que possam estar inseridas em celebrações são meios pelos quais o ser humano vivencia o mistério e encontra sentido para a sua vida em sua conexão com o transcendente[32].

Ao abordarmos a espiritualidade, podemos reconhecê-la associada ou não a uma tradição religiosa. Portanto, a espiritualidade pode ser compreendida como uma expressão do pensar e sentir humanos, daquilo que motiva a sua existência, e, da mesma forma, pode ser também compreendida como a maneira de alguém manifestar a sua crença, a sua fé. A espiritualidade envolve diferentes dimensões da vida humana, como física, social, afetiva e cognitiva, podendo incluir ou não a dimensão religiosa.

Mística e espiritualidade se revelam na vida do ser humano, em suas manifestações de fé, em suas emoções e em suas relações.

32 Cf. BOFF, L.; BETTO, F. *Mística e espiritualidade*. Rio de Janeiro: Rocco, 1994. p. 12.

A seguir, indicamos algumas referências que podem favorecer o trabalho pedagógico com o estudo desta temática.

REFERÊNCIAS

CHITTISTER, J. *O livro da felicidade*. Petrópolis: Vozes, 2019.

GAARDE, J.; HELLEM, V.; NOTAKER, H. *O livro das religiões*. São Paulo: Companhia das Letras, 2013.

GRÜN, A. *Mística*: descobrir o espaço interior. Petrópolis: Vozes, 2010.

KÜNG, H. *Religiões no mundo*: em busca dos pontos comuns. Campinas: Verus, 2004.

PASTRO, C. *A arte no cristianismo*: fundamentos, linguagem, espaço. São Paulo: Paulus, 2010.

SMITH, H. *As religiões do mundo, nossas grandes tradições de sabedoria*. São Paulo: Pensamento; Cultrix, 1991.

ROTEIRO

Título/tema	O sentido da vida e a espiritualidade
Unidade temática	Manifestações religiosas.
Objeto(s) de conhecimento	• Manifestações religiosas. • Místicas e espiritualidades.
Objetivo(s) de aprendizagem	• Compreender e aprofundar o significado de espiritualidade e mística. • Identificar as dimensões de espiritualidade e mística das pessoas e em suas experiências de vida. • Reconhecer a prática de espiritualidade e bem-estar. • Compreender que o ser humano busca sentido na própria existência. • Reconhecer e respeitar as práticas de comunicação com as divindades em diferentes manifestações de culturas e tradições religiosas, como experiências de espiritualidade.
Previsão de horas/aula(s)	Seis horas/aulas.
Recursos	• Equipamento multimídia para projeção audiovisual com acesso à internet. • Vídeo "Qual o sentido da vida?", de Mário Sérgio Cortella (2019) – disponível na internet. • Clipe da música "Felicidade", de Seu Jorge (Músicas para churrasco, 2015, v. 2) – disponível na internet. • Providenciar o acesso dos estudantes ao PowerPoint para que elaborem, cada grupo, uma apresentação. • Providenciar duas nuvens em papel kraft: no centro de uma, escrever "espiritualidade", e no centro da outra, "mística". • Vídeo "História do girassol", produzido pelo Seminário Semente, para apresentar aos estudantes. • Recursos artísticos para os estudantes produzirem um *folder* explicativo, conforme proposta da atividade avaliativa.

OBSERVAÇÃO

Atividade mobilizadora 1

Proponha aos estudantes assistirem ao que diz o filósofo e teólogo Mário Sérgio Cortella sobre o sentido da vida.

> **VÍDEO**
>
> CORTELLA: Qual o sentido da vida? 1 vídeo (4:58 min.), 2019. Publicado pelo canal Revista INSPIRE-C.

Explore com os estudantes as abordagens propostas por Mário Sérgio Cortella e solicite que destaquem quais questões por ele mencionadas fazem parte de seus questionamentos. Enfatize quando o filósofo e teólogo destaca que a religião, como as demais ciências, busca responder às questões acerca da existência, tendo uma participação expressiva na maneira de o ser humano sentir e entender a si mesmo, de estabelecer suas relações com o outro, com a natureza e com o sagrado.

Atividade mobilizadora 2

Solicite aos estudantes que apresentem uma relação de coisas, atividades, sentimentos, fatos, entre outros elementos que, para eles, dão sentido à vida. Depois solicite que realizem a partilha destacando quais elementos auxiliam:

- A capacidade de sentir e entender a si mesmo.
- As suas relações com o outro.
- As suas relações com o transcendente, o sagrado.

Converse com os estudantes sobre essa seleção de elementos e comente que, às vezes, por não entenderem exatamente quem são e o que desejam, as pessoas criam expectativas exageradas para si mesmas e para os outros, vislumbrando o sentido da vida em coisas extraordinárias. Ao fazerem isso, correm o risco de perder a oportunidade de reconhecerem nas pequenas coisas do cotidiano, nos pequenos detalhes, o que configura o sentido da vida.

Apresente aos estudantes o clipe da música "Felicidade", de Seu Jorge (*Músicas para churrasco,* 2015, v. 2).

VÍDEO

SEU JORGE: Felicidade (Lyric Video). 1 vídeo (3:36 min.), 2016. Publicado pelo canal Hugo br 72.

Analise com os estudantes o que significa felicidade segundo a canção, bem como qual a natureza desses elementos que proporcionam felicidade – se são materiais, da natureza, afetivos, religiosos, cotidianos ou "extraordinários", entre outras possibilidades.

Solicite aos estudantes que, reunidos em grupos, assim como a música analisada, relacionem breves e pequenos momentos de felicidade, isto é, aquilo que os anima e alegra.

Oriente-os para, inspirados no clipe analisado, elaborarem uma apresentação em slides sobre o que significa felicidade para o grupo. Importante que o sentido de felicidade de todos os componentes do grupo seja contemplado no trabalho e expressado de maneira artística.

Durante a apresentação dos trabalhos, converse com os grupos para favorecer o esclarecimento do que para eles são os breves e pequenos momentos de felicidade. Comente que a felicidade depende também da sensibilidade a cada experiência da vida, de modo que os momentos não precisem ser extraordinários para se fazerem notar. Converse sobre a felicidade ser, nesse sentido, também uma experiência de espiritualidade, uma vez que envolve a capacidade de o ser humano atribuir sentido e significado aos acontecimentos que o envolvem e à sua própria história.

IDENTIFICAÇÃO E ANÁLISE

Prepare duas nuvens em papel kraft e escreva, no centro de uma delas, a palavra "espiritualidade" e, no centro da outra, "mística".

Promova com os estudantes uma tempestade de ideias sobre os termos "espiritualidade" e "mística", registrando as ideias ao redor das respectivas palavras.

Na sequência, apresente aos estudantes a compreensão do que é mística e do que é espiritualidade. Inicie destacando que as tradições religiosas relacionam o termo "mística" a experiências com o mistério e o sagrado, referindo-se a algo que se pode sentir, mas é quase impossível de se descrever. Esclareça que a palavra "mística", de origem grega *mystikos*, advém de *myo,* para se referir a algo que é gerado internamente e *myeo* para destacar o ato de penetrar no mistério[33]. Comente que ao se dizer que "alguém fez uma experiência mística" pode-se compreender que ele realizou um encontro profundo consigo mesmo e/ou com o sagrado, que reconhece haver nos acontecimentos do cotidiano um mistério a envolvê-los. Esclareça que a mística é uma força efetiva que motiva e impulsiona as pessoas a realizarem ações, tornando-as capazes de dedicarem toda a sua vida a uma causa. Associe a relação entre mística e religião mencionando personalidades e/ou lideranças de diferentes tradições que, fortalecidas em suas práticas religiosas, realizaram experiências místicas que transformaram as suas vidas e lhes deram sentido ao assumirem uma missão que as conduziu a transformarem a vida de muitas pessoas.

Sobre a espiritualidade, comente que está associada às atitudes do ser humano e à sua busca por construir o sentido de sua vida, de sua existência. Trata-se de uma dimensão que tanto pode ser religiosa quanto não religiosa. Envolve a busca de ir além do que é visível. Pode ser identificada no estilo de vida que se configura no modo de alguém se relacionar com os outros, de se aproximar e expressar as suas crenças,

33 GRÜN, A. *Mística*: descobrir o espaço interior. Petrópolis: Vozes, 2012.

assumindo um jeito ser, agir e estar no mundo. Esse estilo corresponde aos valores e às crenças que fazem parte de suas aprendizagens.

Explique que a espiritualidade e a mística são experiências vividas de diferentes modos.

Caso queira aprofundar esses conceitos de "espiritualidade" e "mística", pode-se consultá-los como verbetes em:

- USARSKI, F.; TEIXEIRA, A.; PASSOS, J. D. (org.). *Dicionário da Ciência da Religião*. São Paulo: Paulinas; Loyola; Paulus, 2022. p. 328-330 e 676-678.

Convide os estudantes a fazerem uma pesquisa para identificar algumas práticas realizadas por pessoas de diferentes culturas e tradições religiosas que podem ser compreendidas como experiências místicas e de espiritualidade. Para isso, oriente os estudantes a formarem dois grupos:

Grupo 1 – Deverá pesquisar a vida de personalidades consideradas "místicas", de diferentes culturas e tradições religiosas, destacando os seguintes aspectos:

- Por que são reconhecidas como pessoas admiráveis pelos seus feitos, por seu desapego?
- De que forma e por que são identificadas como pessoas que promovem a esperança de um mundo melhor para os demais?
- Quais aspectos de suas vidas as identificam com místicas?
- Quais aspectos de suas vidas possibilitam identificar a sua espiritualidade?

Grupo 2 – Deverá pesquisar sobre espiritualidade, mística e sentido da vida segundo a perspectiva das tradições religiosas do cristianismo, judaísmo, islamismo, budismo, tradições afro-brasileiras e outras que o professor considerar significativas à sua realidade.

Reserve tempo para que os estudantes possam socializar o resultado de suas pesquisas. Depois, oriente que coletivamente produzam um quadro identificando o que é, para a turma, "espiritualidade" e o que é "mística".

APROPRIAÇÃO E RESSIGNIFICAÇÃO

Apresente aos estudantes o vídeo "História do girassol", produzido pelo Seminário Semente.

Após a exibição, converse com os estudantes sobre:

- Qual é a relação que identificam entre o conteúdo do vídeo e o estudo realizado?

VÍDEO

HISTÓRIA do girassol. 1 vídeo (2:34 min.), 2018. Publicado pelo canal GP REDECLID PPG CR PUC Minas.

Solicite que, considerando o estudo realizado, os estudantes descrevam:

- Experiências religiosas que fazem parte da história de suas famílias ou de alguém que conheçam.
- De que forma a fé, a crença, pode ser transformadora na vida de uma pessoa, ajudando-a a agir de modo diferente em suas relações com seus semelhantes.
- Como a espiritualidade proveniente dos ensinamentos das tradições religiosas pode promover mudanças nos costumes de uma comunidade, da sociedade.

SUGESTÃO

Se possível, amplie a abordagem apresentando aos estudantes lugares e espaços como santuários, templos, natureza, obras de arte, músicas e outros que se tornam recursos para as pessoas realizarem suas experiências de espiritualidade, podendo realizar também uma experiência mística.

ATIVIDADE AVALIATIVA

Oriente os estudantes a produzirem um *folder* explicativo apresentando a trilha de aprendizagem desenvolvida a partir do estudo realizado. Para isso, distribua recursos artísticos e divida-os em grupos.

Orientação dos textos sagrados para as práticas religiosas

Gisele Canário[34]

Ao longo da história, o ser humano sempre buscou registrar as suas vivências e, dessa forma, abrir-se a uma comunicação desenvolvida por meio da oralidade e da arte. Com o passar dos anos e o acúmulo de informações, foi crescendo a necessidade de registrar todo esse conhecimento. É nesse contexto que surge a escrita mais organizada, como a cuneiforme, na Mesopotâmia, e os hieróglifos, no Egito. A escrita nos tempos mais remotos era de domínio apenas das pessoas com muitos poderes na sociedade, como os sacerdotes e os escribas. Foi na cidade de Pérgamo, na Ásia, que no século II a.C. surgiu um material para a escrita, intitulado pergaminho. Nos mosteiros da Igreja Católica, o pergaminho era utilizado para fazer cópias de textos sagrados.[35]

Propomos na sequência uma leitura de aprofundamento que pode contribuir com a prática pedagógica do professor.

34 Mestra em Teologia com especialização em Exegese Bíblica pela Pontifícia Universidade Católica de São Paulo (PUC-SP); graduada em Geografia e graduanda em Filosofia pela Universidade Católica de Brasília (UCB). Autora de livros pela Editora Vozes e de materiais didáticos para a Uniasselvi e Estácio de Sá na área da Teologia. Assessora do Centro Bíblico Verbo, no qual colabora com a produção de materiais para estudos bíblicos. Integrante de grupos de reflexão bíblica para site e redes sociais: Ministério da Palavra na Voz das Mulheres (Instituto Humanitas Unisinos) e grupo São Jerônimo. Professora de Ensino Religioso, Projeto de Vida e Geografia na Educação Básica.

35 FISHER, S. R. *História da escrita*. Trad. Mirna Pinsky. São Paulo: Editora UNESP, 2009.

REFERÊNCIAS

SILVA, R. R. da. O uso dos textos sagrados em Ensino Religioso: algumas notas para não cair no discurso doutrinário. *In*: SIMPÓSIO A RELIGIÃO NA SALA DE AULA: um debate sobre o Ensino Religioso para a proposição de uma área de conhecimento. Prof. Dr. Eulálio Avelino Pereira Figueira (coord.)., 2007. Disponível em: http://www.dhi.uem.br/gtreligiao/pdf/st6/Silva,%20Rafael%20Rodrigues%20da.pdf. Acesso em: 19 fev. 2024.

ROTEIRO

Título/tema	Textos sagrados na cultura religiosa e social
Unidade temática	Crenças religiosas e filosofias de vida.
Objeto(s) de conhecimento	Narrativas religiosas.
Objetivo(s) de aprendizagem	• Identificar a importância da tradição escrita na preservação de memórias, acontecimentos e ensinamentos religiosos. • Reconhecer a diversidade de textos religiosos escritos (textos do budismo, cristianismo, espiritismo, hinduísmo, islamismo, judaísmo, entre outros). • Compreender os textos escritos como meios de ensinamentos relacionados a modos de ser e viver. • Entender como os textos escritos são utilizados pelas tradições religiosas. • Perceber como o estudo e a interpretação dos textos sagrados influenciam as pessoas a vivenciarem os ensinamentos das tradições religiosas.
Previsão de horas/aula(s)	Doze horas/aulas.

Recursos	• Equipamento multimídia para projeção audiovisual, com acesso à internet. • Disponibilizar o texto presente no roteiro para os grupos de estudantes lerem. • Indicar para pesquisa os textos sagrados das tradições: cristianismo, judaísmo, islamismo, sikhismo, budismo, hinduísmo e espiritismo. • Disponibilizar acesso dos estudantes a recursos digitais para uma apresentação criativa dos dados de sua pesquisa e, posteriormente, para elaborarem cards que podem ser compartilhados nos canais virtuais da escola. • Folhas de papel kraft para cada grupo elaborar um esquema. • Orientações para a produção de um e-book, segundo a realidade da escola.

OBSERVAÇÃO

Atividade mobilizadora

Comente que os textos sagrados na concepção de algumas tradições religiosas são manifestações das divindades, ou seja, do sagrado que se comunica com o humano.

Disponibilize o texto a seguir aos estudantes e oriente que, em grupos, façam a leitura.

Textos sagrados e suas leituras

Ler um texto sagrado pode ser um grande desafio para os adeptos de uma determinada cultura religiosa. Você pode estar se perguntando: *Como isso é possível, se o texto sagrado é inspiração de determinada divindade?*

No entanto, tantas são as formas de leituras e interpretações dos textos sagrados que os leitores podem se confundir e, em muitas narrativas, até parar a leitura. Qualquer interpretação de um texto sagrado feita de maneira descontextualizada trará consequências diretas à relação que esses indivíduos terão na família e na sociedade, causando impactos positivos ou negativos.

O fato é que existem diferentes maneiras de ler os textos sagrados e, de acordo a leitura que fizerem, os leitores conceberão diferentes imagens das divindades. No caso da Bíblia, por exemplo, que pertence ao monoteísmo judaico, cristão e muçulmano, algumas pessoas podem descobrir um Deus valente, ameaçador, bravo, justiceiro; outros, um Deus que perdoa, amoroso, amigo e que propõe um projeto de vida a ser seguido; alguns, ainda, podem se revoltar contra o Deus da Bíblia, e outros se apaixonar e se comprometer com ele.

Há, contudo, adeptos de tradições religiosas que leem os textos sagrados e se tornam rancorosos, exímios julgadores da moral, porque passam a usá-los como uma arma de acusação; outros ficam esperando que a divindade resolva todos os seus problemas por meio de um milagre imediato. Existem, também, aqueles que se desligam da vida concreta achando que, quanto mais distantes do mundo estiverem, mais perto estarão da divindade. Dessa forma, todos eles usam os textos sagrados para justificar suas próprias opiniões, muitas vezes aplicando esses textos da forma como entendem. Às vezes, nem percebem que a sua forma de ler e interpretar o texto sagrado está produzindo uma ideia de divindade contrária à essência da sua própria prática religiosa.

Promova uma roda de conversa sobre o texto lido, a partir da seguinte questão:

- Como entender o texto sagrado como literatura intrínseca à cultura humana?

Solicite aos estudantes que apresentem as suas compreensões com um levantamento de ideias e socialização.

IDENTIFICAÇÃO E ANÁLISE

Resgate com os estudantes as maneiras de se transmitir conhecimentos ao longo das histórias usadas pelos povos para preservar o que é importante à sua cultura. Destaque a tradição oral e sua importância nesse processo. Lembre-os de que os povos indígenas garantiam às suas gerações futuras o acesso a conhecimentos, costumes e ensinamentos via oralidade.

Questione aos estudantes:

- O que aprenderam sobre a sua família de modo oral?

Reserve tempo para que exponham e convide-os a perceberem a importância da transmissão oral para a manutenção de conhecimentos e acontecimentos que marcam tanto a história de vida de uma pessoa quanto a de um povo.

Esclareça que a base dos conhecimentos que temos atualmente se consolidou pela transmissão oral, que garantiu que ensinamentos, regras de comportamento relacional e orientações religiosas pudessem ser conhecidas ao longo das gerações até nos alcançarem.

Mencione que, com o surgimento da escrita, muitas culturas e tradições religiosas passaram a registrar seus conhecimentos sobre o sentido da vida e da morte, Deus ou as divindades, o modo que se deve agir no mundo, entre outros conteúdos importantes que orientam as pessoas a viverem segundo princípios em comum, propostos pela tradição religiosa.

Converse com os estudantes sobre o que caracteriza um texto sagrado escrito: é revelado pelo transcendente; detentor de uma mensagem divina; configura-se uma narrativa sobre a experiência religiosa de uma cultura, apresentando orientações ao ser humano; compõe-se de mensagens que motivam as pessoas a terem uma vida melhor e a sustentarem uma relação respeitosa com quem convivem e com o transcendente.

Organize os estudantes em grupos e distribua um texto sagrado para cada grupo. Oriente-os a realizarem a seguinte atividade:

- Preparar um texto ilustrado sobre o texto sagrado definido para o seu grupo, contendo as informações:
  - Por que o texto é considerado sagrado para a tradição?
  - O que contém o texto sagrado?
  - Como é utilizado o texto sagrado pela tradição religiosa?
  - Uma mensagem do texto.
  - Uma curiosidade do texto.
- Para a pesquisa, sugerem-se os textos sagrados das tradições: cristianismo, judaísmo, islamismo, sikhismo, budismo, hinduísmo e espiritismo.

Após a pesquisa, proponha a socialização das informações coletadas pelos grupos. Oriente-os a utilizarem recursos digitais para uma apresentação criativa de seu texto ilustrado.

APROPRIAÇÃO E RESSIGNIFICAÇÃO

A partir da apresentação das pesquisas, solicite que os grupos se reúnam novamente e levantem dados significativos de cada texto sagrado mencionado, respondendo às questões:

- Quais semelhanças e diferenças são observadas entre o que propõem os textos sagrados de cada tradição?
- Que impacto as orientações presentes nos textos sagrados geram na vida das pessoas adeptas a uma tradição?
- Os ensinamentos dos textos sagrados também influenciam as pessoas que não pertencem às tradições religiosas mencionadas? De que forma?
- A partir de todo o estudo realizado, elaborem uma lista das contribuições que os textos sagrados trazem para:
  - a vida das pessoas pertencentes à tradição religiosa do texto;

- a vida das pessoas que não pertencem à tradição religiosa do texto.

Proponha que a socialização desses dados seja apresentada em um esquema. Para isso, distribua folhas de papel kraft.

Conduza os grupos a observarem as informações uns dos outros, de modo que cada grupo deverá complementar seu próprio trabalho com aquelas que não consideraram antes. Incentive-os, também, a suprimirem as informações que perceberem não ser tão relevantes quanto pareciam.

Após essa atividade, oriente os grupos de estudantes a produzirem cards religiosos com informações sobre os textos sagrados e/ou frases subtraídas dos textos das diferentes tradições religiosas estudadas, que contribuam para levar as pessoas a compreenderem sua importância e a necessidade do respeito às diferenças culturais e religiosas. Oriente-os a elaborarem seus cards por meio de recursos digitais, como o Canva, para disponibilizá-los nos canais virtuais da escola.

SUGESTÃO

Combine uma roda de conversa com os estudantes do 6° ano para que os grupos realizem uma apresentação de suas aprendizagens sobre a importância e a influência dos textos sagrados na cultura dos povos.

ATIVIDADE AVALIATIVA

Oriente os estudantes a produzirem juntos um e-book com as informações do estudo realizado. Sugira que o e-book obedeça à estrutura:

- Introdução – justificando o estudo e sua importância.
- Desenvolvimento – apresentando o que é um texto sagrado e explorando todos aqueles que foram estudados.
- Conclusão – esclarecendo a contribuição dos ensinamentos, das orientações e das mensagens dos textos sagrados para os membros das tradições religiosas e para a sociedade em geral.

Tradições religiosas, mídias e tecnologia

Gisele Canário[36]

À medida que as sociedades desenvolvem sua tecnologia, a cultura humana é transformada por ela, assumindo técnicas e ferramentas que as estruturam com novos formatos.

No âmbito das religiões, e por se tratar de cultura humana, grupos religiosos se inserem no universo da tecnologia. Alguns grupos agem mais rapidamente em direção a essas novas ofertas e outros demoram um pouco mais para se adaptarem ou mesmo aceitarem essas novas possibilidades de interação tecnológica. Os motivos dessa abertura ou não são variados. Nesse contexto encontram-se as religiões que, de modo geral, estão cada vez mais inseridas no universo da tecnologia, ocupando um lugar nas redes digitais por meio de sites, canais no YouTube e perfis na internet que possibilitam realizar ritos *on-line* e transmitir mensagens de um modo mais próximo de seus fiéis, favorecendo a multiplicação de seu conteúdo religioso.

O uso de mídias e tecnologias entre as tradições religiosas se ampliou a partir da pandemia da covid-19, pois, de certa forma, essa realidade fez com que até os mais conservadores passassem a utilizar os recursos virtuais para se comunicarem, por conta da obrigatoriedade do isolamento sanitário.

---

36 Mestra em Teologia com especialização em Exegese Bíblica pela Pontifícia Universidade Católica de São Paulo (PUC-SP), graduada em Geografia; Mestrado em Teologia, e graduanda em Filosofia pela Universidade Católica de Brasília (UCB). Autora de livros pela Editora Vozes e de materiais didáticos para Uniasselvi e para a Estácio de Sá na área de Teologia. É assessora do Centro Bíblico Verbo, no qual colabora com a produção de materiais para estudos bíblicos; integrante de grupos de reflexão bíblica para site e redes sociais: Ministério da Palavra na voz das mulheres (Instituto Humanitas Unisinos) e grupo São Jerônimo; e professora de Ensino Religioso, Projeto de Vida e Geografia na Educação Básica.

Podemos dizer que no tocante às mídias e tecnologias, as lideranças de diferentes tradições religiosas as utilizam para atender às necessidades de seus adeptos e para divulgar seus valores e crenças.

A seguir, indicamos recursos que podem favorecer o trabalho pedagógico em torno dessa temática.

REFERÊNCIAS

FREITAS, R. O. de. Candomblé e mídias digitais: sobre a publicação do sagrado e do privado na internet. *In*: 42º CONGRESSO BRASILEIRO DE CIENCIAS DA COMUNICAÇÃO, 2019, Belém. *Anais eletrônicos* [...]. São Paulo: Sociedade Brasileira de Estudos Interdisciplinares da Comunicação (Intercom). Disponível em: https://www.portalintercom.org.br/ anais/nacional2019/resumos/R14-0371-1.pdf. Acesso em: 19 fev. 2024.

LAGOINHA estreia no metaverso. Igreja Batista da Lagoinha, [c2023]. Disponível em: https://lagoinha.com/lagoinha-news/68840/lagoinhaestreia-no-metaverso. Acesso em: 19 fev. 2024.

LAGOVERSO[37]. LagoVerso, [c2022]. Disponível em: https://lagoverso.com/. Acesso em: 19 fev. 2024.

RELIGIÃO e tecnologia, companheiras improváveis? Instituto Humanitas Unisinos, 2021. Trad. Moisés Sbardelotto. Disponível em: https:// www.ihu.unisinos.br/categorias/614042-religiao-e-tecnologiacompanheiras-improvaveis. Acesso em: 19 fev. 2024.

37 A Igreja Evangélica Batista da Lagoinha é pioneira no uso do metaverso no Brasil, realizando cultos por meio da realidade virtual, na qual o fiel é representado por meio de um avatar.

ROTEIRO

Título/tema	Religião e mídia
Unidade temática	Crenças religiosas e filosofias de vida.
Objeto(s) de conhecimento	• Tradições religiosas. • Mídias e tecnologias.
Objetivos de aprendizagem	• Conhecer as formas de uso das mídias e tecnologias pelas diferentes denominações religiosas. • Compreender a importância da comunicação no processo de transmissão dos ensinamentos e das práticas religiosas.
Previsão de horas/aula(s)	Seis horas/aulas.
Recursos	• Equipamento midiático para projeção audiovisual, com acesso à internet. • Providenciar o acesso dos estudantes a recursos tecnológicos para a produção de um painel digital que apresente os recursos comunicacionais mais utilizados ao longo dos tempos pelas tradições religiosas. • Providenciar o acesso dos estudantes a equipamentos para uma pesquisa no Instagram, TikTok ou outra rede social por dez minutos (pode-se incentivar o uso de smartphones pessoais). • Apresentar dois textos disponíveis *on-line* (indicados no roteiro) para a leitura dos estudantes. • Roteiro para orientar os estudantes na produção de um vídeo--minuto, proposto como atividade avaliativa.

OBSERVAÇÃO

Atividade mobilizadora

Comente com os estudantes que o universo das religiões é diverso, por isso não podemos colocá-las todas dentro de uma mesma compreensão. Por vezes, temos a impressão de que religião é sinônimo de passado e que, por conta de sua moral rígida, nunca se atualiza. Explique que, apesar dessa impressão, é fato que as religiões estão inseridas no ambiente da tecnologia, e a grande maioria, de alguma forma, utiliza seus benefícios, adapta-se e busca novas ferramentas tecnológicas para divulgar e vivenciar as suas crenças. As religiões podem, com seus valores éticos e morais, influenciar o universo dos games, filmes, artes, sistemas políticos e econômicos.

Pergunte aos estudantes em que ambientes percebem que, de certa forma, há influências de ideias e crenças religiosas. Reserve tempo para que expressem suas percepções e as acolha.

Oriente uma discussão em grupos a partir das seguintes questões:

- A religião deve usar a tecnologia para apresentar suas ideias e crenças, adaptando-se à realidade?
- A tecnologia pode se adaptar às necessidades e crenças das religiões?

Motive o grupo a levantar exemplos de como percebem essas realidades na sociedade atual.

IDENTIFICAÇÃO E ANÁLISE

Explore a relação das religiões com a tecnologia a partir dos seguintes comentários:

> Não temos dúvidas de que a religião está inserida profundamente no universo da tecnologia. É possível perceber isso no decorrer da história, quando vemos que a religião influencia e é influenciada pela tecnologia,

tendo inclusive seus ritos e o modo de disseminar suas crenças adaptados e/ou modificados a partir dessa realidade. Isso significa que quando uma religião assume a tecnologia, a sua experiência religiosa sofrerá alterações. Um exemplo ilustrativo é o crescimento populacional que levou os templos, as igrejas, a buscarem melhorar a comunicação por meio de aparelhos de som, microfones e outros recursos tecnológicos que facilitassem a transmissão de sua mensagem à toda a comunidade. Esse processo gerou outras mudanças em muitos templos, como o uso de projetor de slides para que todos pudessem acessar as informações dos ritos e/ou as letras dos cantos de uma celebração.

Embora ao longo dos tempos os recursos comunicacionais tenham se ampliado, há alguns grupos religiosos que não se abrem totalmente ao uso das tecnologias, e há aqueles que abdicam totalmente delas, como é o caso dos Amish, grupo religioso presente, principalmente, nos Estados Unidos e no Canadá que se recusa a usar telefones e automóveis.

Proponha aos estudantes a produção de um painel digital para apresentar os recursos comunicacionais mais utilizados ao longo dos tempos pelas tradições religiosas. Para isso, oriente os estudantes a se organizarem em grupos e pesquisarem informações para compor o painel. Sugere-se distribuir os estudantes em três grupos:

- **Grupo 1** – Recursos impressos como meio de comunicação nas tradições religiosas.
- **Grupo 2** – A arte na comunicação da mensagem religiosa.
- **Grupo 3** – As mídias e o seu uso na comunicação das tradições religiosas.

Oriente os critérios de elaboração do painel. Sugere-se, para isso, indicar a possibilidade do uso de imagens, vídeos e sínteses de reportagens. Após as apresentações dos grupos, oriente os estudantes a refletirem, em uma roda de conversa, sobre quais recursos digitais são utilizados pelas tradições religiosas, descrevendo o modo como são aplicados.

Explore se há na turma algum estudante que utiliza algum aplicativo religioso e/ou segue nas redes sociais alguma liderança religiosa – caso não haja, incentive os estudantes a pensarem em alguém que conhecem. Solicite que comentem suas motivações.

APROPRIAÇÃO E RESSIGNIFICAÇÃO

Comente que as religiões, parte delas, atualizam-se o tempo todo sobre como podem se inserir qualitativa e intencionalmente no universo tecnológico, com relação ao uso dos recursos mais modernos. Cite como exemplo os grupos religiosos que utilizam a realidade virtual (metaverso) para acessar o espaço sagrado. Comente que esse modelo foi introduzido por muitas religiões na pandemia da covid-19, inclusive o islamismo, que apresentou uma proposta para fazer o Hajj, a visita à Caaba, por meio do uso de uma ferramenta educacional que propicia visualização em realidade virtual 3D.

SUGESTÃO

Para melhor compreensão dos estudantes, sugere-se apresentar o vídeo: LABBAIK VR virtual reality hajj & umrah training. 1 vídeo (1:09 min.), 2020. Publicado pelo canal LABBAIK VR.

Explore junto aos estudantes o fato de que as plataformas digitais se tornaram um ambiente propício para quem deseja se expressar, mesmo que não seja especializado. Essa realidade faz parte da rotina de pessoas religiosas que desejam transmitir suas práticas, suas crenças e suas interpretações dos livros sagrados.

Oriente os estudantes a fazerem uma pesquisa no Instagram, TikTok ou outra rede social por dez minutos, anotando o que foi visto de postagens e comentários religiosos nesse intervalo. Após a atividade, motive-os a conversarem a respeito das postagens destacando:

- Que grupos são preponderantes nas redes sociais?
- Quais os impactos dessas informações na vida das pessoas?
- Para ampliar a compreensão dos estudantes, sugere-se orientá-los a pesquisar nessas redes sociais e preparar uma apresentação criativa sobre:
  - Mestres taoístas que fazem consultorias de Feng Shui.
  - Mulheres rabinas feministas.
  - WitchTok – astrologia e ocultismo.

Combine as apresentações com a turma e explore os elementos culturais e religiosos visualizados, destacando qual a importância dessa divulgação para os seguidores das referidas culturas e tradições religiosas.

Comente com os estudantes essa relação entre religião, mundo virtual e inteligência artificial. Destaque como a inteligência artificial, em especial, vem progressivamente conquistando espaços na dinâmica das tradições religiosas.

Solicite aos estudantes que, em duplas, realizem a leitura dos textos a seguir, acessando os *QR Codes*:

SUGESTÕES DE LEITURA

O ANUNCIADOR. *A inteligência artificial ameaça a fé*: entenda como religião e tecnologia podem ser aliadas.

IHU – INSTITUTO HUMANITAS UNISINOS. *Inteligência artificial e a Igreja: desafios e possibilidades.* Conferência de Moisés Sbardelotto, 20 maio 2023.

Após a leitura dos textos, realize uma roda de conversa a partir deles e das seguintes questões:

- Qual será o papel das religiões em tempos de inteligência artificial?
- Como as tradições religiosas podem resguardar a ética humana da vida diante do desenvolvimento tecnológico?

SUGESTÃO

Para ampliar as reflexões, caso considere relevante, pode-se propor aos estudantes assistirem ao documentário "A vida em um milhão de anos" (National Geographic, 2017) e pesquisarem as críticas disponíveis na internet sobre ele. Depois, sugere-se uma roda de conversa na qual os estudantes compartilhem as críticas encontradas e suas próprias opiniões.

ATIVIDADE AVALIATIVA

Oriente os estudantes a produzirem um vídeo-minuto apropriando-se do estudo e destacando os seguintes aspectos:

- Como é o uso de mídias e tecnologias nas tradições religiosas?
- De que forma as mídias e tecnologias contribuem para a divulgação de valores e crenças religiosas?
- Qual é o impacto das mensagens religiosas divulgadas por meio de mídias e tecnologias na vida das pessoas?

Projeto de vida

Gisele Canário[38]

Eu, você e nós (*Me, you and us*) é uma metodologia com foco na estratégia que se considera essencial na perspectiva da formação integral, socioemocional e de impacto social. Desse modo, queremos despertar os sonhos dos nossos estudantes e impulsioná-los para um projeto do eu e do nosso. Ao construirmos as etapas do processo, mobilizaremos o estudante a pensar nos mecanismos necessários para a construção da sua identidade, gestão individual e responsabilidade social a partir das exigências do mundo atual.

Para além do desenvolvimento do projeto, o grupo deverá ser uma espécie de incentivo, autoajuda e cooperação ao longo da etapa final do Ensino Médio.

A seguir, indicamos algumas referências que podem favorecer o trabalho pedagógico com o estudo dessa temática.

REFERÊNCIAS

ARAÚJO, S. M. de; ARAÚJO, F. S. P. de. *Projeto de vida*: nas asas do tempo. Petrópolis: Vozes, 2023.

FILHO. C. de B.; MEUCCI, A. *A vida que vale a pena ser vivida*. Petrópolis: Vozes, 2014.

MOGI, K. *Ikigai*: Os cinco passos para encontrar seu propósito de vida e ser mais feliz. Bauru: Astral Cultural, 2018.

38 Mestra em Teologia com especialização em Exegese Bíblica pela Pontifícia Universidade Católica de São Paulo (PUC-SP); graduada em Geografia e graduanda em Filosofia pela Universidade Católica de Brasília (UCB). Autora de livros pela Editora Vozes e de materiais didáticos para a Uniasselvi e Estácio de Sá na área da Teologia. Assessora do Centro Bíblico Verbo, no qual colabora com a produção de materiais para estudos bíblicos. Integrante de grupos de reflexão bíblica para site e redes sociais: Ministério da Palavra na Voz das Mulheres (Instituto Humanitas Unisinos) e grupo São Jerônimo. Professora de Ensino Religioso, Projeto de Vida e Geografia na Educação Básica.

ROTEIRO

Título/tema	Projeto de vida
Unidade temática	Crenças religiosas e filosofias de vida.
Objeto(s) de conhecimento	Princípios e valores éticos.
Objetivo(s) de aprendizagem	• Valorizar a diversidade de saberes e vivências culturais e apropriar-se de conhecimentos e experiências que lhe possibilitem entender as relações próprias do mundo do trabalho e fazer escolhas alinhadas ao exercício da cidadania e ao seu projeto de vida, com liberdade, autonomia, consciência crítica e responsabilidade (cf. Base geral 6, BNCC). • Reconhecer os aspectos essenciais para planejar o seu projeto de vida, buscando o comprometimento pessoal, profissional (empreendedor) e cidadã. • Identificar princípios e valores éticos (familiares, religiosos e culturais) necessários à construção de projetos de vida. • Relacionar a importância do autoconhecimento para construir o projeto de vida. • Identificar a necessidade de desenvolver um projeto de vida. • Reconhecer a importância dos papéis que cada pessoa exerce em seu dia a dia. • Refletir sobre exemplos de pessoas que realizaram projetos de vida inspiradores.
Previsão de horas/aula(s)	Doze horas/aulas.
Recursos	• Apresentar a estrutura do esquema indicado no roteiro para ser preenchido individualmente pelos estudantes. • Folha de papel A4 para cada estudante – será necessário distribuir esse recurso em duas atividades propostas no roteiro. • Providenciar o acesso à internet para que os estudantes realizem uma pesquisa rápida na internet de informações sobre o conceito de "escolhas" à luz do que dizem os filósofos e os líderes de diferentes tradições religiosas.

Recursos	• Folha de papel kraft para a produção de um painel coletivo. • Providenciar uma seleção de informações das profissões mais desejadas pelos estudantes da turma. • Reunir informações sobre o que dizem as tradições religiosas a respeito do sentido da vida e do senso de propósito, para apresentar aos estudantes. • Providenciar o acesso dos estudantes a recursos digitais para a produção e a transmissão da reportagem proposta como atividade avaliativa.

OBSERVAÇÃO

Atividade mobilizadora 1

Questione aos estudantes:

- Sentem dificuldade para se levantar pela manhã?
- Quais motivos fazem vocês se levantarem pela manhã?

Reserve tempo para as respostas espontâneas e comente, depois, que existe uma relação entre as nossas ações e nossas escolhas.

Explique que a ação de se levantar ao ouvir o despertador ou de demorar até o último segundo para iniciar o dia, por exemplo, expressa uma escolha entre: colocar-se de prontidão para se levantar ao tocar o despertador ou procrastinar, buscando "esticar" o tempo de permanência na cama, mesmo sabendo que deve enfrentar os compromissos do dia.

Convide os estudantes a estabelecerem a relação entre as suas ações no início de cada manhã (o seu ritual matinal) e as escolhas que essas ações estão sinalizando. Converse sobre diferentes ações que expressam escolhas pessoais no dia a dia: na vida acadêmica, há quem sai da cama animado para se preparar para os estudos na escola ou na faculdade, esforçando-se para chegar pontualmente e não perder nada; na vida profissional, há quem exerce suas funções com pontualidade e responsabilidade; na vida familiar, há quem cuida e dedica tempo de qualidade para o lazer com quem ama. Mencione que cada pessoa tem seus objetivos, e estes estão associados ao tempo e ao momento de sua vida: tempo de estudar, de exercer sua profissão e/ou de desfrutar de momentos familiares. Cada um desses momentos envolve escolhas, o convívio com as pessoas com as quais estabelece interações e também a condição de vida em que se encontra.

Atividade mobilizadora 2

Solicite aos estudantes que completem o esquema a seguir com as ações que realizaram na interação com as pessoas nos seus diversos ambientes de convivência (escola, família, comunidade religiosa...). Explique que deverão identificar aquelas ações que produziram boas consequências e aquelas que produziram efeitos negativos, representando más escolhas nas interações sociais.

Após completarem o esquema, convide os estudantes a compartilharem suas respostas e refletirem juntos sobre como as escolhas podem interferir nas relações entre as pessoas.

Explore que não vivemos isolados. Cada ser humano é influenciado pelas orientações a que está sujeito, sejam familiares, escolares, culturais ou religiosas. Solicite que cada estudante apresente à turma um princípio ou um valor ético familiar, religioso ou cultural que influencia as suas escolhas.

Distribua folhas de papel A4 e convide os estudantes a produzirem um decálogo de ações que expressam escolhas capazes de contribuir para o desenvolvimento do ser humano em seus relacionamentos pessoais, profissionais e na comunidade religiosa, com base nos princípios e valores éticos a que teve acesso.

Após a produção do decálogo, converse com os estudantes sobre como essas ações inspiradas em princípios e em valores éticos podem contribuir no projeto de vida de uma pessoa.

10 ações que funcionaram na interação com as pessoas, expressando boas escolhas	10 ações que não funcionaram na interação com as pessoas, expressando escolhas inadequadas

IDENTIFICAÇÃO E ANÁLISE

Organize com os estudantes uma roda de conversa sobre o que cada um desejava ter, fazer ou ser quando criança. Após levantar os seus desejos infantis, questione-os se há alguém no grupo que ainda nutre como meta de vida realizar alguma dessas idealizações, isto é, que continua a sonhar com as escolhas pensadas em sua infância.

Explore com os estudantes a importância das escolhas e sua relação com a liberdade. Convide-os a realizarem uma pesquisa rápida na internet buscando informações sobre o conceito de "escolhas" à luz do que dizem filósofos como Platão, Sartre e outros pensadores de diferentes áreas, e à luz do que dizem, especialmente, alguns líderes de diferentes tradições religiosas.

Com as informações em mãos, convide os estudantes a produzirem um painel com os conceitos encontrados sobre "escolhas". Ofereça uma folha de papel kraft para o trabalho coletivo. A partir da produção, solicite que os estudantes analisem os conceitos e sua relação com os termos: liberdade, singularidade, felicidade, diversidade, espiritualidade e religião.

SUGESTÃO

A pesquisa na internet pode ser realizada incentivando o uso do celular ou levando os estudantes ao laboratório de informática por um tempo predefinido.

Destaque que as escolhas se apresentam associadas ao sentido desejado para o viver, que se constitui também das experiências na vida familiar, nos relacionamentos amorosos, no trabalho, enfim, dos conhecimentos reunidos ao longo da vida em situações que corresponderam ou não às expectativas. Comente que o sentido para o viver, por sua vez, associa-se ao projeto de vida. E pensar em projeto de vida requer entender o que é necessário fazer para realizar o que se quer da vida; requer relacionar as escolhas necessárias para se atingir as metas que realizam os sonhos.

Apresente aos estudantes uma cena da obra de Lewis Carrol (2009) intitulada *Alice no País das Maravilhas*. Comente que estando Alice, a protagonista, em um lugar desconhecido, sem saber por onde seguir, pergunta a um gato se ele pode lhe dizer qual caminho deve escolher. O gato lhe diz que isso depende de para onde se deseja ir, e acrescenta: "Se você não sabe para onde ir, qualquer caminho serve".

Converse com os estudantes sobre o que entendem dessa frase. Pergunte quantas vezes em suas vidas se viram na mesma condição de Alice, sem saber o que escolher, e incentive-os a explicarem o porquê.

Conduza os estudantes a refletirem sobre as situações nas quais buscaram atribuir as suas escolhas a outros.

Explore as escolhas sob a perspectiva de ter ou não critérios para realizá-las. Associe os critérios que regem as escolhas com a história de vida do ser humano, com o ambiente familiar e social ao qual pertence, com o modo como as crenças e os valores que orientam o seu pensar e agir foram constituídos individual e coletivamente.

Proponha aos estudantes a produção de um varal de interesses e expectativas. Para isso, disponibilize folhas de papel A4 e solicite que cada estudante escreva o que deseja ser e/ou fazer futuramente. Na descrição, poderão elencar aspectos relacionados à profissão, à vida familiar e/ou religiosa, a relacionamentos, lazer e outros.

Após reunir as informações no varal, converse com os estudantes sobre o que estão fazendo para realizar seus interesses e expectativas.

APROPRIAÇÃO E RESSIGNIFICAÇÃO

Explore junto aos estudantes o significado de valor e de ética. Destaque que valores estão associados a crenças, tradições familiares e culturais, hábitos sociais e pessoais. Quanto à ética, destaque como prioridade a convivência e o bem-estar coletivo, uma vez que se refere àquilo que se espera das pessoas com relação à sua participação na dinâmica social.

Oriente os estudantes a se organizarem em grupos de cinco pessoas, de modo aleatório ou por afinidade. Na sequência, realize os seguintes encaminhamentos:

1. Comente que o trabalho em grupo é construído por pessoas que, juntas, unem os seus conhecimentos, valores, jeitos de pensar e agir para alcançarem objetivos e propósitos comuns. Destaque que os resultados obtidos pelo grupo dependem do esforço e da dedicação de todos os envolvidos. Explique que elaborarão, coletivamente, um tema relacionado ao projeto de vida com o qual todos do grupo poderiam se comprometer e/ou qualquer pessoa.
2. Proponha que cada grupo escolha um tema para elaborarem seu projeto de vida. Oriente os estudantes para que esse tema contemple os princípios e valores éticos aprendidos na convivência familiar ou na experiência religiosa de cada um, podendo ter impacto profissional e social se vivido adequadamente. Exemplifique alguns temas: projeto de vida para melhorar a convivência familiar; projeto de vida para o início da vida profissional; projeto de vida para ter uma rotina mais saudável; projeto de vida para começar a realizar ações sociais.
3. Sugerem-se algumas abordagens que se pode solicitar que os estudantes incluam em seu projeto de vida, em torno do tema escolhido:
   a. **Autoconhecimento:** incentive-os a incluírem informações sobre si mesmos: aparência, emoções, relacionamentos, vida escolar, habilidades, entre outras. Nessa abordagem, os grupos

podem explorar o fato de a identidade de alguém se constituir a partir de sua interação com as pessoas e com suas próprias experiências em todos os seus âmbitos de convivência (familiar, escolar, religioso...), incluindo os efeitos de acontecimentos da realidade em que está inserido.

b. **Lugar de pertencimento**: oriente-os a contemplarem nessa abordagem as singularidades que se destacam na convivência com outras pessoas. Comente que as características individuais mais marcantes sinalizam quem somos e quais são nossas principais escolhas.

c. **Desejos e futuro**: nessa abordagem podem tratar das aptidões e características essenciais de cada membro do grupo que podem ser úteis para que atuem em determinadas profissões. Sugere-se que, também, incluam seus desejos em outros âmbitos da vida, para além da profissional.

IMPORTANTE

Providencie uma seleção de informações das profissões mais desejadas pelos estudantes da turma, de modo a ofertar nesta etapa orientações mais apropriadas à realidade deles.

d. **Felicidade e projeto de vida**: nessa abordagem podem eleger aspectos relacionados ao pensamento de teóricos como Arthur Schopenhauer (1788-1860), que associa a felicidade à paz interior e ética, ou Viktor Frankl (1905-1995), para quem a felicidade estava conectada ao ato de encontrar sentido para a própria vida.

Após a produção coletiva do tema escolhido e relacionado ao projeto de vida, solicite aos grupos que apresentem os resultados. Depois convide-os a estabelecerem relações dos temas escolhidos e das abordagens apresentadas com o que dizem as tradições religiosas sobre o sentido da vida e senso de propósito.

Oriente os estudantes a realizarem uma seleção das atividades propostas pelas tradições religiosas que dão sentido à vida e contribuem para o desenvolvimento do projeto de vida de seus seguidores. Para isso, pode-se propor a realização de entrevistas com lideranças ou pessoas de diferentes tradições. Com a seleção de atividades concluída, incentive-os a apresentarem e converse com eles sobre:

> **SUGESTÃO**
> Proponha uma sessão de cinema com o filme *Kung Fu Panda 3* (dirigido por Jennifer Yuh Nelson e Alessandro Carloni, 2016) para trabalhar o autoconhecimento e a espiritualidade na reflexão sobre o projeto de vida.

- Qual a contribuição das tradições religiosas para o projeto de vida das pessoas?
- Que valores e princípios religiosos são importantes no projeto de vida e qual seu impacto na vida social?
- Dentre as atividades apresentadas, quais são possíveis de se realizar em qualquer projeto de vida?

ATIVIDADE AVALIATIVA

Oriente os estudantes a descreverem:

- O que identificaram como importante para as suas vidas durante essa aprendizagem.
- Como compreendem a relação entre as reflexões propostas no decorrer do estudo e o seu próprio projeto de vida.

Solicite que produzam uma reportagem contendo informações do estudo realizado no decorrer do roteiro. Para isso, providencie o acesso dos estudantes a recursos digitais para a produção e a transmissão da reportagem.

EDITORA VOZES LTDA.
Rua Frei Luís, 100 – Centro – Cep 25689-900 – Petrópolis, RJ
Tel.: (24) 2233-9000 – E-mail: vendas@vozes.com.br